ヒスカルセレクション

考古 3

弥生時代

邪馬台国への道

設楽博己

敬文舎

デザイン　竹歳明弘
地図・図版作成　蓬生雄司
編集協力　阿部いづみ

もくじ

弥生時代　邪馬台国への道

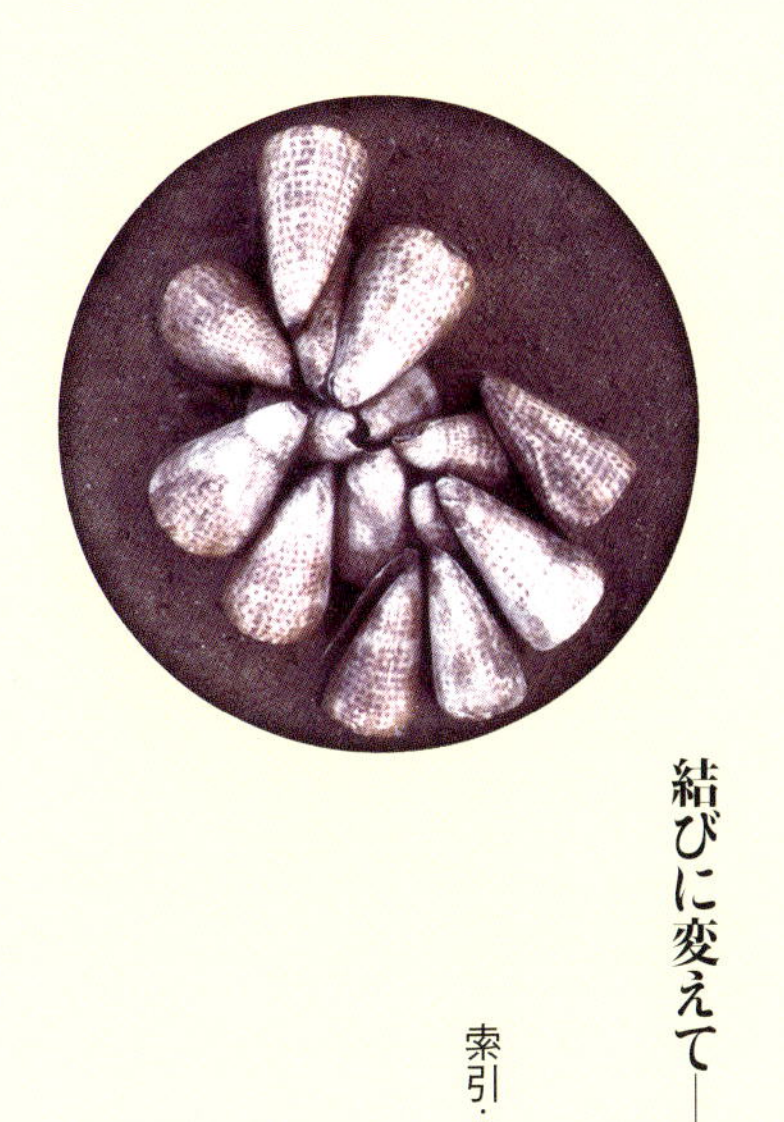

はじめに

　弥生時代は、日本列島で農耕が本格的に行われるようになった時代である。植物の栽培を農耕というならば、縄文時代にも農耕はあった。しかしそれはあくまでも採集・狩猟の補助的なものであり、生活の基礎をなす食料を農耕に求めるようになったのは、弥生時代が最初である。水田稲作の始まりがとくに重要で、現代の日本の主食の生産が、このとき開始されたのである。いまでは縄文時代と弥生時代を分ける大きな指標が水田稲作をはじめとする本格的な農耕とされているが、研究史をひも解くと、その定義に行きついたのは、だいぶ研究が進んでからのことであった。

　弥生文化研究の歴史については、本書の最後で振り返ることにするが、右の短い文章のなかにも、今日あらたな視点から深められてきたこと、まだわからないことがいろいろと潜んでいる。縄文時代にも、一部ではあるが、コメ・ムギ・アワ・ヒエが栽培されていたのではないかというのは、歴史の教科書に載っている。あらたな分析方法によって、どうもそれが疑わしいと考えられるようになった。では、稲作はいつごろどのようにして日本列島に入ってきたのか。またどのように広まっていったのか。年代ひとつを取り上げても、従来と様変わりして開始年代が五〇〇年もさかのぼるのではないか、という説が議論を巻き起こしたこと、などなど。

本書は弥生時代とその文化・社会に対して、これまでの考え方や新しい考え方をふまえながら、さまざまな問題点について解説を加えたものである。

本書の構成と内容を簡単に紹介しておく。本書は四章構成で、第一章「弥生人と弥生文化」、第二章「弥生人の暮らし」、第三章「墓と祭祀」、第四章「生産と流通」である。

第一章では、弥生時代の定義と時間的、空間的範囲を示したのちに、文化を担った人びとの骨学的な形質に触れ、家族と社会組織、国と王墓の形成、邪馬台国問題といった政治史的な問題を扱う。

第二章は、衣・食・住という身近な暮らしぶりを取り上げた。まず、「食」のコーナーは、水田稲作とそれに要した道具の問題、木の実の採集や雑穀の栽培、狩猟と漁撈の特質といった生業史で構成した。「衣」のコーナーは、衣服に加えて装身具、イレズミや抜歯（ばっし）などの儀礼を扱い、「住」のコーナーでは、住まいや集落の諸形態について整理して、さらに弥生都市論の問題にも触れる。

第三章は、埋葬と信仰にかかわる問題を扱う。弥生時代の東西の多様な墓のあり方を示したうえで、祖先のまつりの系譜を論じた。土器や銅鐸（どうたく）の絵画や鳥形木製品（とりがたもくせいひん）から農耕儀礼に推測を加え、青銅器や仮面

復元された高楼　唐古・鍵遺跡出土の土器に描かれた絵（上）から復元した建物（左）。紀元前108年、前漢の武帝が朝鮮半島の北部に楽浪郡を設置した。2階建て以上の高層建築の建物絵画は、弥生中期後半に中国の影響が近畿地方にまで及んでいたことを物語る。

を用いたまつりを紹介して、その意味するところに話を進めた。

第四章は、石器・青銅器・鉄器や装身具の生産と流通の特質を整理し、流通に関してはさらに船などの交通手段に加えて、いわゆる渡来人の問題も扱った。

たんなる意見の紹介ではおもしろくないので、私なりの解釈を加えた部分もあるが、弥生時代の始まりから終わりまでを通しで学べるように、できるだけ広範なテーマによって構成し、概説的な叙述にも配慮した。それは本シリーズ全体の理念でもあり、ほかの巻ともども入門書としても活用していただければ幸いである。

なお、「縄文時代」「弥生時代」「古墳時代」などについては、それぞれそのように表記すべきであるが、煩瑣を避けるため、「縄文」「弥生」「古墳」と表記した。

第一章 弥生人と弥生文化

弥生時代と弥生人

弥生時代とは

一万年以上の長きにわたった縄文（じょうもん）時代が終わりをつげ、採集・狩猟を基礎とした経済の段階から、灌漑（＊かんがい）による水田稲作をはじめとする農耕を生活の基盤とするような経済の段階に移行した。日本列島で農耕を基礎とする生活の始まった時代を、弥生（やよい）時代という。

縄文時代のなかにも人口や集落の増減はあったが、弥生時代以降のそれにくらべればたいしたものではなく、相対的には人口の増加は停滞的といってよい。採集狩猟社会から農耕社会へ、どこの世界でも人口が飛躍的に増加している。エジプトやメソポタミア、あるいは中国の古代文明に顕著なように、とくにそれは灌漑農耕を牽引（けんいん）力としているが、いかなる理由によるのだろうか。

穀物はいっせいにつくらないといけないから、生産性をあげるには耕地の面積を拡大する必要がある。耕地を拡大すればそれを耕作する人口が必要になり、それを養う食料を耕地が生む。耕地の拡大にともない、灌漑用水路を拡大し、充実することも必要になる。このように、平らで広い耕地をもつ灌漑農耕による生産力の増大と労働力としての人口の増加は、相乗効果をなしてスパイラル上昇をとげる性格をもっていた。

＊灌漑　作物を育てるために水路を設けて田や畠に水を引き、土地をうるおすこと。

増加した人口がかかえるさまざまな軋轢と灌漑設備の充実は、それをコントロールする者への権限の集中、すなわち首長の支配力を高め、増大した人口とその居住空間を維持・発展させるべく、首長を頂点とした政治宗教機構が整備されていった。日常生活の必需品、あるいは首長の権威や権力を表す威信財*をかき集めるための流通も整備されたであろう。それは都市の形成の原動力でもある。

縄文時代にも植物の栽培が行われていたことは、さまざまな証拠から明らかである。しかし、その規模はたかが知れたものである。さらに重要なのは、たんに規模の問題ではなく、このような首長や都市の形成につながっていく拡大再生産システムを灌漑農耕がもっていた点である。

＊威信財　他者に権威を示したり、信頼を受けることを威信というが、その働きをなすための品を指す。階層的な秩序のある社会でよくみられる。

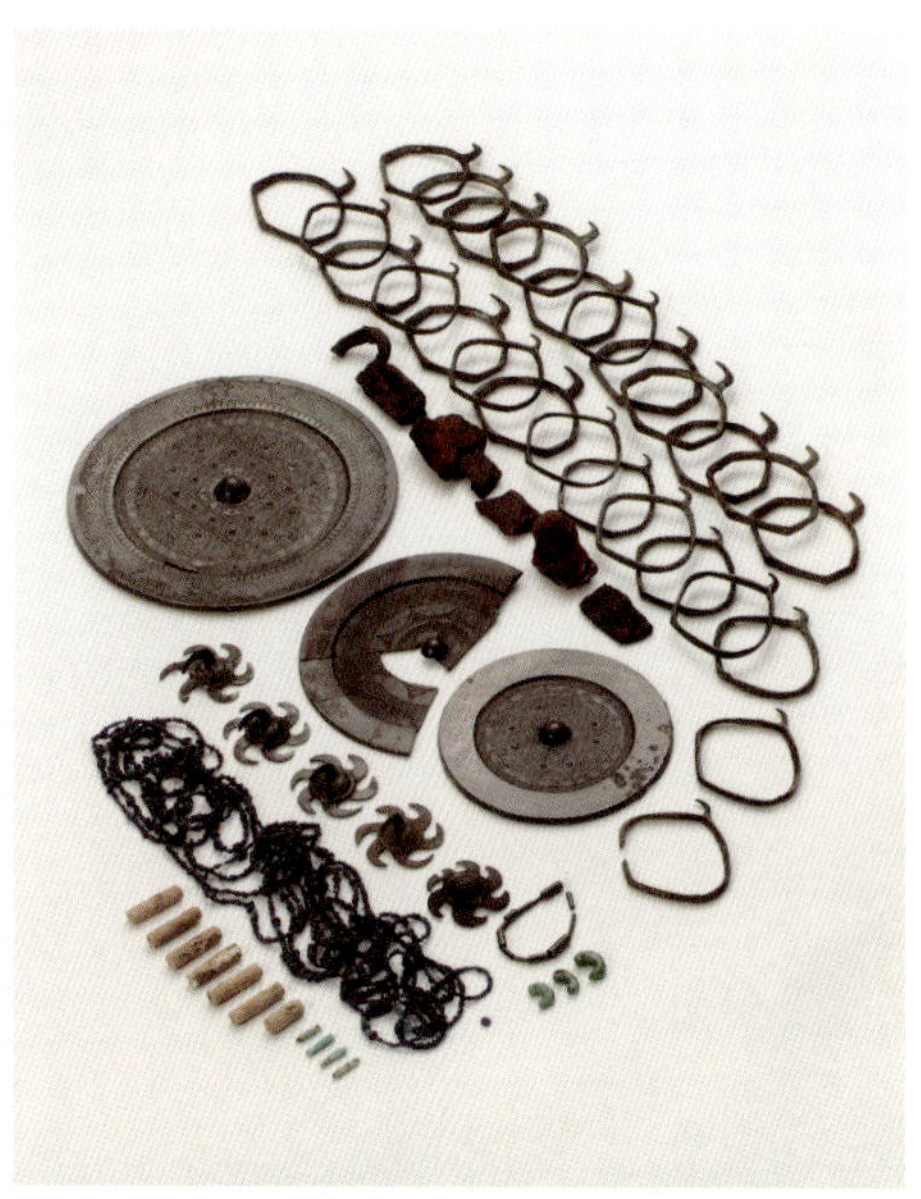

弥生時代の威信財　大陸からもたらされた青銅鏡や青銅製腕飾りなどからなる。佐賀県桜馬場遺跡。

弥生時代はさまざまな格差が生じた時代でもあった。

本格的な農耕がはじまると、耕地や水をめぐって近隣集団との紛争が激化し、戦争を指揮したり紛争の調停に活躍した首長に権威や権力が集中するようになる。

格差は墓の中の副葬品数や質の差となって、顕著に認められるようになった。
墓の副葬品、集落や地域のシンボルである銅鐸*といった青銅器、あるいは鉄器などの原材料は海外からもたらされた希少品であり、原料獲得のための海外にまで及ぶ経済活動は、それをコントロールする首長の権威を押し上げたことだろう。

本格的な農耕や金属器、あるいは戦争など、縄文時代にはなかった文化の多くは、朝鮮半島や中国から伝わった。この時代の中国はすでに帝国を築いている段階に達していたので、日本列島の格差社会は大陸の政治や文化に由来するといってよい。

弥生時代に成長を遂げた首長は、やがて中国帝国の後ろ盾も利用して強力な政権を築くようになった。その象徴が大和盆地に出現した前方後円墳*である。

ヤマト政権を象徴する墳墓である前方後円墳の成立が、弥生時代から古墳時代へとバトンが渡された時点である。

巨大な銅鐸　日本最大の銅鐸は高さおよそ135㎝、使われた銅の量は45kgとされる。これだけの原料を入手する勢力が近畿地方にいたことがわかる。滋賀県大岩山出土。

弥生文化の範囲

では、弥生時代の始まりと終わりは、実年代にするといつなのだろうか。

*銅鐸　西日本を中心に分布する弥生時代に使用された鐘状の青銅器。内部に吊るした棒状の舌でたたき音響を発した。身に描かれた絵画などから、農耕儀礼に使用されたと考えられている。→××p

*前方後円墳　鍵穴形の平面形をした古墳時代を代表する墳墓。三世紀半ばに大和地方で生まれ、四～五世紀に東北地方から九州地方に広まり、関東地方では七世紀まで築かれた。

*弥生時代　九州の甕棺などから出土する青銅鏡が漢代の

*弥生時代の始まりは、紀元前五～前四世紀とされてきた。ところが、AMS法*という新しい炭素14年代測定法が導入されることによって、測定の精度が増したうえに、炭素14年代を実際の年代に置き換える年代較正*をおこなったところ、弥生時代の始まりは、紀元前九〇〇年代にまでさかのぼるのではないかと、二〇〇三年に国立歴史民俗博物館が問題提起した。遡上は認めるものの紀元前七〇〇年代と控えめな意見もあり、いまもなお論争が続いている。

■ 弥生時代を中心とした年表

西暦	中国	朝鮮半島	日本列島	九州	西日本	東日本
1100	殷 1046		縄文時代 晩期			
1000				黒川洞穴(鹿児島)	滋賀里(滋賀)	亀ヶ岡(青森) 大洞(岩手)
900	西周					
800	770		弥生時代 早期	板付(福岡) 菜畑(佐賀) 江辻(福岡) 雀居(福岡) 那珂(福岡) 宇木汲田(佐賀)	船橋(大阪) 津島江道(岡山)	千網谷戸(群馬)
700		青銅器時代				
600	春秋		前期	高橋(鹿児島) 大友(佐賀)	唐古・鍵(奈良)	氷(長野)
500	453				西川津(島根)	
400	戦国			土生(佐賀) 諸岡(福岡) 今山(福岡) 吉武高木(福岡) 城ノ越(福岡)	安満(大阪) 土井ヶ浜(山口) 朝日(愛知) 八日市地方(石川) 南方(岡山)	中屋敷(神奈川) 砂沢(青森) 地蔵田(秋田)
300	221					
200	秦 206		中期	吉野ヶ里(佐賀) 柚比本村(佐賀) 原の辻(長崎) 立岩(福岡) 須玖岡本(福岡) 三雲南小路(福岡) 桜馬場(佐賀) 井原鑓溝(福岡) 御床松原(福岡)	瓜生堂(大阪) 東奈良(大阪) 百間川(岡山) 神庭荒神谷(島根) 加茂岩倉(島根) 池上曽根(大阪) 紫雲出山(香川)	龍門寺(福島) 中里(神奈川) 垂柳(青森) 柳沢(長野) 松原(長野) 大塚(神奈川)
100	前漢	原三国時代				
紀元前 紀元後	8 新 23					
100	後漢		後期	比恵(福岡) 平原(福岡)	上東(岡山) 伊勢(滋賀) 青谷上寺地(鳥取) 楯築(岡山) 西谷(島根) 纒向(奈良)	登呂(静岡) 橋原(長野)
200	220 三国 280					
300			古墳 前期		箸墓(奈良)	

弥生時代の実年代を中国や朝鮮半島の時代と対比した。本書に登場するおもな遺跡を中心として、継続時期の長い遺跡は代表する時期のところに入れた。遺跡の位置や上下関係は時期の差などを意味するものではない。

ものであることは大正時代に明らかにされており、それらの鏡が前一〇八年に設置された楽浪郡をつうじて日本列島にもたらされたことや、紀元一四～四〇年、新の王莽の時代につくられた銭である貨泉が弥生後期の遺跡から出土することなどにより、小林行雄は、弥生時代は紀元前二、三世紀から紀元後二、三世紀ころにわたると考えた。その後、弥生早期が設定され、弥生時代の始まりは紀元前五～前四世紀とされた。

*AMS法　加速器質量分析装置のこと。それを用いて炭素14と13と12の同位体を分別し、それぞれの質量を測ることで行なう炭素14年代測定法。精度の高い結果が得られる。Accelerator Mass Spectrometry の略称。

*年代較正　18ページ参照。

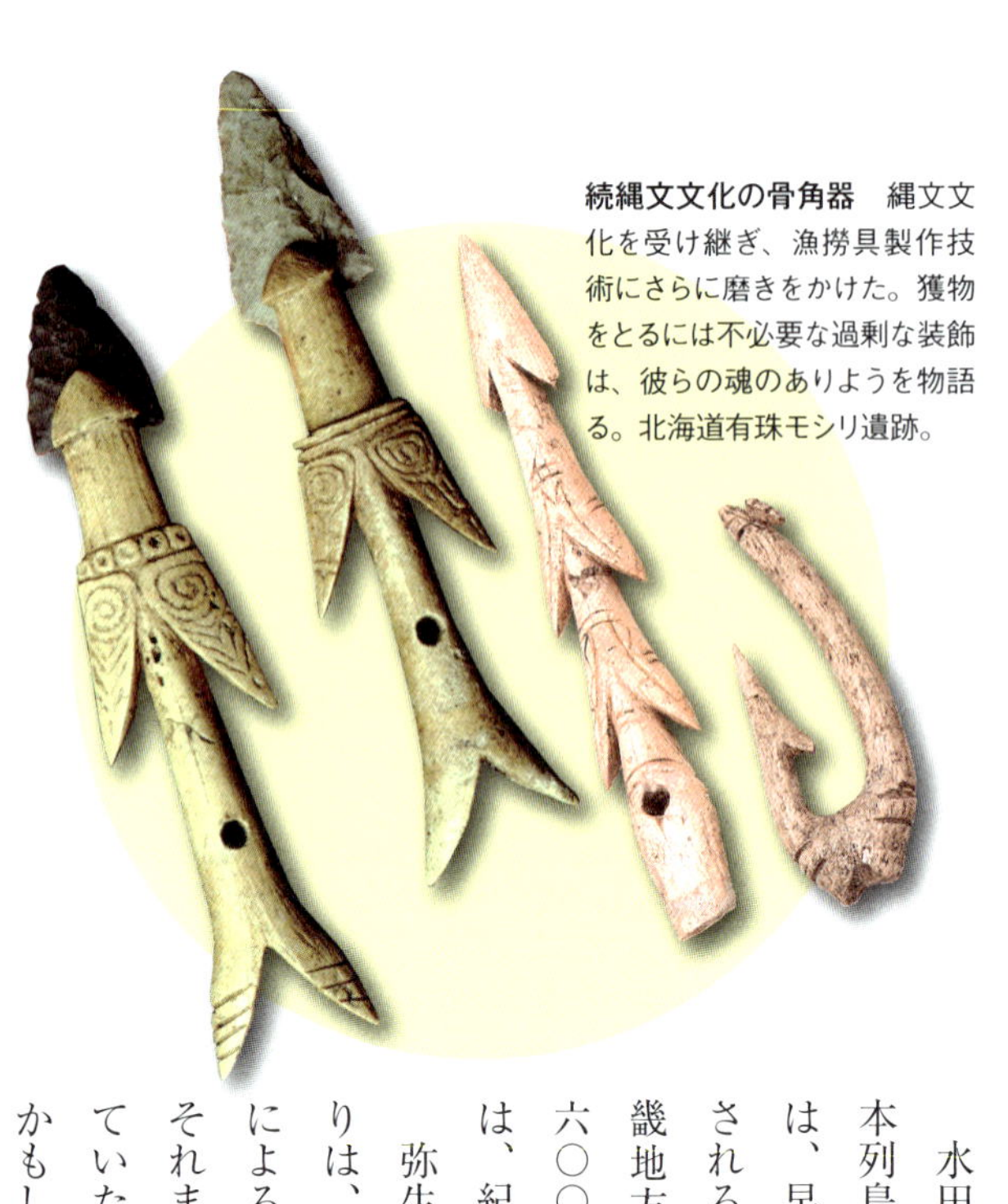

続縄文文化の骨角器　縄文文化を受け継ぎ、漁撈具製作技術にさらに磨きをかけた。獲物をとるには不必要な過剰な装飾は、彼らの魂のありようを物語る。北海道有珠モシリ遺跡。

水田稲作など本格的な農耕の普及は、日本列島のなかで時間差があった。弥生時代は、早期・前期・中期・後期の四期に区分されるが、早期は北部九州に限られる。近畿地方の弥生時代のはじまりは、紀元前六〇〇年代の弥生前期であり、東北地方では、紀元前四〇〇年代の前期終末である。

弥生時代の終末すなわち古墳時代の始まりは、これも国立歴史民俗博物館の新年代によると、紀元二五〇年ころとされている。それまで紀元三世紀後半ないし終末とされていたので大した差はないように思われるかもしれないが、*邪馬台国の問題とも絡むたいへん微妙な時期であるだけに、問題が大きい。

弥生文化は農耕文化であるという定義からすると、弥生文化の地理的範囲は東北地方北部から九州島の南部までとなる。北海道島と沖縄などの南西諸島には水田稲作は伝わらなかったので、弥生文化の範疇からはずれる。この時代の北海道島の文化は*続縄文文化、南西諸島の文化は貝塚後期文化と呼ばれるように、いずれも縄文文化の伝統を色濃く引き継いだ文化である。

＊邪馬台国問題　江戸期の朱子学者と国学者、新井白石と本居宣長の意見の対立に端を発する邪馬台国所在地論争。白石は畿内説（のちに九州説）を、宣長は九州説を、それぞれの立場から論じた。

＊続縄文文化　一九三九年（昭和14）、先史考古学者の山内清男によって設定された文化名称。

続縄文文化は、とくにその前半期に道南地方を中心に貝塚がたくさんつくられ、アザラシやオヒョウ*など大型の海獣や魚を中心とした生業活動が展開し、後半期には内陸の河川でサケを中心とした漁撈（ぎょろう）活動が活発になった。これに対して貝塚後期文化はサンゴ礁のリーフにおける網漁（あみりょう）を中心とした漁撈活動に重きを置いた。ともに本州などと大いに異なる生態系に適応した固有な文化といってよい。

しかし、いずれも弥生文化と隔絶した閉鎖社会であったわけではない。貝塚後期文化の人びとは、南海産のゴホウラやイモガイなど特殊な貝に目をつけて権威や呪術の象徴である腕輪に価値を見出した北部九州の勢力との間に交易関係を築いた。

続縄文文化は、弥生後期になると東北地方北部に進出するようになる。北海道にはその時期に鉄器や管玉（くだだま）*がもたらされていることからすれば、続縄文文化も異文化である弥生文化との間に交易活動による開かれた活動をおこなっていたようである。

弥生文化の範囲のなかも、一枚岩ではない。西日本と東日本では同じ弥生文化と呼ぶのに躊躇（ちゅうちょ）するほどの違いを随所にみることができる。その違いは、大陸との距離やかかわりの度合いの差や、縄文文化の伝統の強弱がもたらしたのであろう。

弥生時代は、大陸との関係性や生態的な違いなどによって、日本列島がさまざまな差をもつ文化や社会に分岐していった時代ということができよう。

＊オヒョウ　冷たい海に生息するカレイに似た魚。大きなものは三メートルを超える。

＊管玉　縦に孔が貫通した円筒形の装身具。弥生時代に朝鮮半島から側面が直線的な型式が伝わり、流行した。

縄文人と弥生人の頭骨　四角ばった顔の縄文人（上）に対して弥生人（左）は面長で、大陸から渡来してきた人の影響の大きさを示す。上：長崎県脇岬遺跡、左：山口県土井ヶ浜遺跡。

山口県土井ヶ浜遺跡出土の人骨　弥生時代を代表する埋葬遺跡。発掘された人骨の数は 300 体をこえた。

弥生人とは

山口県地方や北部九州の弥生時代人骨の特徴は、顔が高く、眼窩は丸みを帯びている。頬骨が大きいのも特徴である。横からみると、眼窩上隆起の突出は少なく、鼻根が扁平で、鼻骨もあまり高くない。つまり、顔全体がのっぺりした感じであり、縄文人の顔立ちが全体に直線的で角張って眉間はくぼみ鼻が高いといった立体的な形態と大きく異なる。

身長は成人男性で一六二〜一六四センチ、成人女性で一五〇センチほどであり、縄文人が成人男性でおよそ一五八センチ、成人女性でおよそ一四八センチであるから、とくに男性でその差が大きい。

こうした特徴の人骨を周辺に求めてみると、中国山東省臨淄の漢代の人骨にきわめて類似したものがあることが報告されている。また、韓国慶尚南道の礼安里遺跡から類似した人骨が出土している。日本列島の稲作は山東半島から朝鮮半島を経由して北部九州にもたらされたというのが通説であり、そのルートをたどって人も動いてきたことをうかがわせる。

弥生人と類似した形質の人が新石器時代の中国北東部にいたとなると、彼らの来歴が問題になる。更新世の末期は、ヴィルム氷期というきわめて寒冷な時期であった。その時期にバ

＊高顔　人類学では顔の上下の大きさは長短でなく高低であらわす。長頭などというのは、頭骨の前後の幅を示す際に用いる。

＊更新世　地質学の時代区分で、およそ二五八万年前からおよそ一万年前までを指す。

＊ベルクマンの法則　一九世紀なかばにドイツの生物学者ベルクマンがとなえた、恒温動物は寒冷なほど大きいという法則。法則といえるほど確かなものではないとの批判もある。

＊土井ヶ浜遺跡　山口県下関市に所在。高顔で高身長の弥生人の特徴が明らかにされただけでなく、金関恕らによる墓域構造の研究で、弥生時代の親族組織の研究にも寄与。

＊金関丈夫（一八九七〜

イカル湖周辺や東シベリアの人類は寒冷な気候に適応するように、みずからの体形を変化させた（ベルクマンの法則*）。体温を効果的に保つために、身長は高くなるが手足が短くなり、顔の凍傷を避けるために顔面が扁平になるなどした。こうして形づくられた新モンゴロイドは、氷期の終了とともに南へと拡散し、その一支流が農耕文化を日本列島にもたらした。

弥生時代の人びとの形質は、これら弥生時代に渡来した人びとが、在来の人びとすなわち縄文人と混血することによって形成された、という説が混血説あるいは渡来説である。この説は、弥生前期末の埋葬遺跡山口県土井ヶ浜*（どいがはま）遺跡で一六〇体ほどの人骨を発掘し、佐賀県吉野ヶ里町三津永田（みつながた）遺跡の人骨を加えて分析した金関丈夫*（かなせきたけお）によって主張された。

これに対して、縄文時代の人類が進化を遂げることによって弥生時代の人びとが形成されたという説が、小進化説あるいは変形説と呼ばれるもので、これは大正年間に長谷部言人*（はせべことんど）によって唱えられアジア・太平洋戦争後に鈴木尚*（すずきひさし）が受け継いだ。形質人類学の研究者の間では、それぞれの説に立ったはげしい論争が闘わされた。

縄文時代の人びとの形質からかなり急激に変化している点からすれば、弥生時代に渡来人の存在とその関与を評価する渡来説を認めないわけにはいかない。しかし、西北部九州や関東地方などでは、縄文時代の形質を強く保った人びとが弥生時代に主体をなしていた。縄文時代とは打ってかわって、弥生時代には顔の形態に地域差が目立つようになるのであり、その意味では、小進化説*も成立の余地は充分にある。

すなわち、弥生文化は渡来人あるいは渡来系の人びとが大きく関与した地域と、在来の人びとが歴史の主役になっていった地域の双方から成り立っていたのである。

一九八三）形質人類学者。人類学関係の論考だけでなく、深い見識にもとづくエッセイや書物は、人びとを魅了した。

＊長谷部言人（一八八二〜一九六九）形質人類学者。日本の石器時代（縄文時代）の人骨の形態変化の要因を、生活様式の変化に伴い現代人につながる進化だと解釈し（変形説）、縄文人＝アイヌ民族説を批判した。

＊鈴木尚（一九一二〜二〇〇四）形質人類学者。長谷部言人に師事、変形説を受け継いで小進化説を唱えた。

＊小進化説　西北九州の二体の弥生人骨の核DNAを分析したところ、二体とも縄文系と弥生系のゲノム（遺伝情

五〇〇年さかのぼった弥生時代開始年代

炭素には質量が違う12と13と14の３種類があるが、そのうちの炭素14は放射性炭素である。生物は、一〇〇％濃度の炭素14をもっているが、死ぬと一定の割合で崩壊をはじめ、およそ五七三〇年で約半分の濃度になる（半減期）。その性質を利用して、試料の炭素14がどれくらいの濃度かを測り、死んでからの年代を割り出すのが、炭素14年代測定である。

近年開発がすすんだ加速器質量分析装置（ＡＭＳ）を用いることによって、たとえば土器の表面に付着したススやコゲなどの微量な試料でも測定可能になるなど、炭素14年代測定はたいへん精度が高くなった。また、測定試料に付着している不純物に対する理解やそれを取り除く技術が進歩したのも測定精度を高めた。

炭素14年代は、大気中の濃度が過去均一であるという前提をもつ、いわばモデル年代である。ところが、炭素14の生成にかかわる太陽の黒点運動の振幅によって、過去の炭素14濃度は一定ではなかった。

そこで、樹木の年輪にその年の炭素14濃度が固定される性質があることを利用し、過去一万三〇〇〇年前までの樹木年輪から得た炭素14濃度によって炭素14モデル年代を補正して、実年代に置き換えるための較正（こうせい）プログラムが開発されている。

国立歴史民俗博物館では、これらの原理にもとづき、弥生時代開始期の土器に付着した炭化物を測定し、得られた炭素14年代を実年代に換算したところ、紀元前九〇〇年ころの数値がでた。これまで弥生時代の始まりは紀元前四〇〇年ころといわれていたので、およそ五〇〇年も弥生時代の始まりがさかのぼると主張された。

改定の時間幅などをめぐる議論は続いているが、いずれにしても従来の年代観は改める必要がある。

報）を持ち合わせていることが判明したという研究もある。

家族と社会

弥生人の家族と社会組織

考古学によって当時の家族のあり方を分析するのはむずかしいが、とりあえずは墓地における人骨がその対象になる。

大阪府瓜生堂遺跡(うりゅうどう)*2号方形周溝墓*は、墳丘上に成人男女のペアが三組、それぞれ並葬されていた。成人女性が葬られていた5号木棺(もっかん)*はほかの木棺と違う型式であることから、この少数派の木棺は婚入者のものと推定された。また、文様や形の分析によって、ほかの地域でつくられたと考えられる土器が墓に供えられたり、土器棺として乳幼児埋葬に使われたりしていることから、男女のペアは夫婦とされてきた。

この男女のペア三組を夫婦三世代の埋葬ととらえる意見もあるが、墳丘に埋められ

四周に溝をめぐらして土を盛った墓　墳丘にある長方形の穴が墓坑で、茶色いのが木棺。木棺は並列しているのがわかる。大阪府瓜生堂遺跡。

＊瓜生堂遺跡　大阪府東大阪市に所在。一九七一年(昭和46)の発掘調査の結果、東西約四五〇メートル、南北約八〇〇メートルの遺跡に三つの墓域のあることがわかった。

＊方形周溝墓　弥生時代に出現した、埋葬主体部の周囲に溝をめぐらす墓。四角く区画するのでその名がある。

＊木棺　木製の棺、それを用いた墓が木棺墓。通常、底板と側板および小口板の複数の板を組み合わせてつくる。

■武器と玉類を副葬した対になる墓

（常松幹雄『最古の王墓　吉武高木遺跡』より）

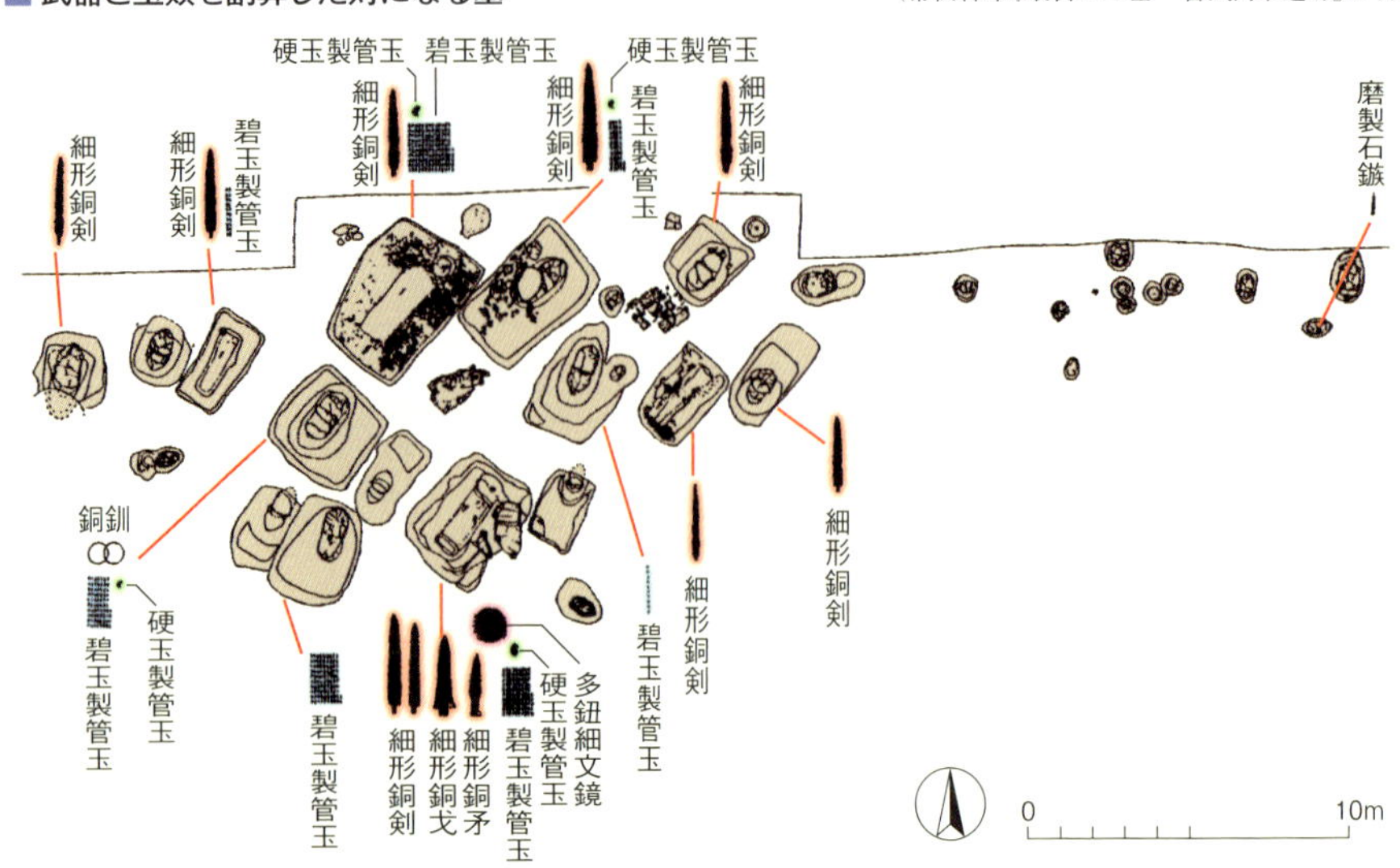

木棺墓と甕棺墓、武器を副葬した墓と玉類を副葬した墓が縦横に並列している。福岡県吉武高木遺跡：弥生中期。

た複数の土器棺に時間幅はないのに加えて、成人埋葬と時期が異なることから、同世代のたとえば兄弟夫婦と理解すべきだというのが共通の意見である。

福岡市*吉武高木遺跡の木棺墓には、青銅の*剣・矛・戈といった武器類や、鏡・勾玉が納められ、それと並葬された*甕棺墓からはおもに玉類が出土しており、ここでも男女並葬やペアの埋葬が一部にみられる。

副葬された青銅器は朝鮮半島からもたらされたものであり、被葬者は朝鮮半島から渡来した、あるいは渡来人とゆかりの深い有力者と考えられる。

福岡県糸島市*三雲南小路遺跡でも、副葬品を多量にもつ甕棺墓が並列していた。

弥生時代のこうした対をなす墓は、夫婦の墓と考えられていた。

＊吉武高木遺跡　福岡市西区に所在。Ⅰ区には、副葬品が入った四基の木棺墓と五三基の甕棺墓が群集しており、そのうちのM3号木棺墓から、多鈕細文鏡や青銅製の武器、ヒスイ製の勾玉と多数の管玉が出土した。豪華な副葬品をもつ首長が弥生中期初頭に存在していたことが確認された。

＊剣・矛・戈　弥生時代を代表する武器。剣は柄を握って使用する武器、矛は基部がソケットになって長い柄を差し込んで使う槍のような武器、戈は刃が柄に対して直角につく鎌のような形の武器。

＊甕棺墓　土器に遺体を納め、同じ仕様の土器の口をあわせてカプセル状にしたり、蓋をして埋葬した弥生時代の墓。福岡県・佐賀県・長崎県・熊本県の西北部九州を中心に分布している。

中国では周の時代から夫婦合葬や並葬が一般的であり、漢代に大勢を占めた。同時代である弥生時代の夫婦が並葬される葬法は、中国の戦国秦漢期や朝鮮半島の墓制の影響を受けた可能性が指摘されている。

ところが、古墳時代の合葬された人骨の歯冠を計測して血縁関係を推定したところ、夫婦が合葬されるようになるのは六世紀前半以降のことであり、三〜五世紀にはキョウダイの原理にもとづいた合葬が行われていたという分析結果が公表された。歯の形質は遺伝しやすいことに目をつけた歯冠計測分析であるが、それによって弥生時代の埋葬原理は縄文時代のそれを踏襲し、夫婦という世帯の原理よりも血縁関係を重視する社会組織であったとされて、夫婦並葬説が批判を浴びた。

日本古代史では、古墳時代の出自規定は基本的に双系制であったという研究成果があり、歯冠計測分析の結果を支持するものであった。

ただし、歯冠計測は、弥生時代の身分の高い人にはまだなされていないので、こうした階級の者に中国の制度の影響が及んだ可能性は否定できない。また、歯冠計測と

男女の並葬甕棺　人骨の頭位方向が逆になっているのは出自の違いを映したものかもしれず、そうであれば夫婦の可能性が考えられる。しかし、その決着はDNA分析を待たねばならない。佐賀県朝日北遺跡。

*三雲南小路遺跡　福岡県糸島市三雲に所在する甕棺墓遺跡。文政五年（一八二二）に発見された合口甕棺からは、青銅鏡三五面以上、青銅製武器など豪華な副葬品が出土し、伊都国の王墓とされる。

*周　弥生時代と同時代の中国の古代王朝は、夏→殷→周→春秋戦国→秦→前漢→新→後漢と変遷する。

*キョウダイ　兄弟姉妹をカタカナで表記しておく。

*双系制　財産や地位などを継承するためなどから設けられる出自規定のひとつ。出自規定には、父方の血筋をたどる父系制と母方の血筋をたどる母系制、両方の系統をたどる双系制の三種類、そして臨機に変化するアンビ系がある。

いう方法自体の誤差の大きさから、形質人類学の分野では、もはや過去の分析方法になっているらしい。

福岡県那珂川市安徳台遺跡の並葬甕棺である2号棺と5号棺の男女人骨から採集された＊ミトコンドリアＤＮＡが分析され、この二体の塩基配列は一致しなかったとされている。ミトコンドリアＤＮＡは母系をつうじて遺伝する。2号棺の男性は五〇歳代、5号棺の女性は三〇歳代であり、離れたところから出土した3号甕棺の男性人骨と5号甕棺の人骨のＤＮＡ塩基配列が一致した。

こうしたことからすれば、並葬された2号棺と5号棺の被葬者は母系の血縁関係にはなく、夫婦である可能性は排除できない。父系遺伝の核ＤＮＡは分析されていないので父系の親族である可能性は残されているし、もとよりこの一例だけで男女並葬が夫婦だと言い切ることはできないが、肝腎な人骨資料のＤＮＡ分析の事例がほとんどない現状で、この問題を考える貴重な資料ということはできよう。

弥生時代の男女

弥生時代の男女について、こんどは造形品から掘り下げてみよう。＊土偶形容器は弥生時代にあらわれた人形の蔵骨器であり、＊土坑から一対で出土する場合がある。

弥生前期の長野県上田市渕ノ上遺跡の二体がその一例だが、大型のほうには乳房があり、小型のほうにそれがない。弥生中期の山梨県笛吹市岡遺跡の例は二体とも乳房はないが、大きさに違いがあり、心なしか大きいほうはきびしく、小さいほうはやさしげな表情をしてい

＊ミトコンドリアＤＮＡ　母系で遺伝する。これに対してＹ染色体は男性の系統にのみ伝わる。

＊土偶形容器　弥生時代につくられた人形の容器。福島県から滋賀県で五〇例以上が知られる。縄文時代の土偶の表現を受け継ぐ。脚はなく安定した平底で、中空につくられて開口した頭部から物が出し入れできるようになっている。小さな子どもの骨を入れて埋葬した一種の蔵骨器。

＊土坑　地面に穴を掘り、食料貯蔵など各種の用途で利用した施設。

＊木偶　木彫りの偶像で、日本列島では弥生時代に出現する。滋賀県を中心に西日本で一六例が知られる。

る。
筒状の頭が男性で、髷状の頭が女性と、頭部で男女をつくり分けている。すなわち、土偶形容器は一対の男女像だったと考えられる。

弥生時代には、＊木偶と呼ばれる木を削ってつくった偶像がある。滋賀県＊大中の湖南遺跡や野洲市湯ノ部遺跡からは、大小一対の木偶が出土しており、男女一対の像とみなせる。鹿児島県＊山ノ口遺跡から出土した軽石製の偶像も大小一対で、乳房の有無で明らかに男女をつくり分けている。

福岡県＊御床松原遺跡や三雲屋敷遺跡から出土した弥生後期〜古墳前期の土製人形は、数体がセットになっており、それらには、明らかに男女の区別がある。

男女の土偶形容器　左はきびしく、右は穏やかな顔つきをしている。山梨県岡遺跡。

このように、弥生時代には、土偶形容器に限らず男女像が一般化した。縄文時代につくられた土偶は、妊娠したり子どもを育てたりするなど、女性をかたどったものが一般的で、男性を表現した土偶はきわめてわずかである。その一方、石棒という男根をかたどった石製品をさかんにつくった。

縄文時代の偶像や性象徴は、男女を区分することを原則としており、男女一対

＊大中の湖南遺跡　滋賀県近江八幡市安土町・能登川町の琵琶湖東岸に所在。各種木製農具が多量に出土した。農耕儀礼に用いたとされる木偶がはじめて検出されたことでも知られている。

＊山ノ口遺跡　鹿児島県錦江町に所在。軽石による環状配石遺構が一〇か所にわたって検出され、柱状の軽石が立てられたり、軽石製勾玉、穿孔のある軽石、磨製石鏃などが伴い、祭祀遺構とされている。

＊御床松原遺跡　福岡県糸島市志摩新町に所在。新の王莽が鋳造した貨泉が出土したことで、弥生時代の年代を考える手掛かりとなった。漁撈具が多数出土し、漢式土器や瀬戸内地方の土器など遠隔地の遺物が出土したことから、海人による交易活動も推定されている。

の偶像は縄文時代の文化に系譜をたどることはできない。木偶もまた縄文時代に系譜をたどれない偶像であり、男女一対の思想は、朝鮮半島から日本列島にもたらされたものと思われる。そして農耕文化が東日本に受容されることにより、縄文時代の土偶が男女像の土偶形容器に変貌していったのである。

男女の木偶 滋賀県大中の湖南遺跡。

縄文時代の埋葬には、二人以上の人をひとつの墓坑に葬る合葬(がっそう)の習慣があったが、縄文晩期の東海地方などでは、血縁関係を重視することによって、夫婦の合葬が禁止されていたという研究がある。弥生時代になると、先にみてきたように大阪府瓜生堂遺跡など男女一対で並葬される例がふえ、夫婦を並べて葬ったとされている。異論も紹介したが、埋葬における男女一対の観念は縄文時代には希薄であり、弥生時代に顕在化していることはたしかである。

それではなぜ、縄文時代には男女一対の偶像はなかったのか、なぜそれが弥生時代になると一般化するのだろうか。

前近代社会の民族例によると、遠征的な狩猟や漁撈活動

■千葉県新田野貝塚出土の貝殻と魚骨の比較の変化

		縄文前期	縄文中期
二枚貝	オキシジミ	46	0.36
	ヤマトシジミ	42	99.51
	その他	11.67(%)	0.13(%)
魚類	スズキ	42.35	36.22
	クロダイ	25.83	18.11
	ボラ	22.52	33.86
	その他	9.30(%)	11.81(%)

縄文前期には魚類も貝類も海の資源を利用していた。中期になると海が遠のいて貝類は汽水産に変化したが、魚類は相変わらず海のものをメインとしている。

■ 前近代社会の性別分業

（都出比呂志『日本農耕社会の成立過程』より）

労働種目（男女比）	男と女の分担度合い（%）	男性優位指数
1、金属工芸		100.0
2、武器の製作		99.8
3、海獣の狩猟		99.3
4、狩猟		98.2
5、採鉱・採石		95.4
6、石の加工		95.0
7、小動物の捕獲		94.9
8、漁撈		85.6
9、牧畜		83.6
10、家屋の建設		77.0
11、耕地の開墾		76.3
12、酪農		57.1
13、装身具の製作		52.5
14、耕作と植え付け		48.4
15、家禽や小動物の飼育		38.7
16、穀物の手入れと収穫		33.9
17、貝の採集		33.5
18、火起こしと火の管理		30.5
19、酒や麻薬づくり		29.5
20、敷物（マット）の製作		24.2
21、織物製作		23.9
22、果実・木の実の採集		23.6
23、燃料集め		23.0
24、土器の製作		18.4
25、肉と魚の保存・管理		16.7
26、野草・根菜・種子の採集		15.8
27、調理		8.6
28、穀物製粉		7.8

アメリカの人類学者 G.P. マードックが 20 世紀前半に非文明社会の性別分業を調査した。都出比呂志がその結果を分かりやすい図にしたが、この図はそれを抜粋したものである。

＊新田野貝塚　千葉県いすみ市に所在する縄文前・中期の貝塚。縄文前期から中期に貝類が鹹水産から汽水産になるのは海退現象にともない家庭を離れるのがむずかしい女性によって採集されたからで、それに対して魚類が変化していないのは男性が家庭を離れて遠征的な漁撈活動を行なった結果だとされて、縄文時代の性別分業に光が当てられた。

は男性を主体とする労働で、木の実の採集や土器づくりは女性が主となる仕事だった。つまり、男性は家庭を離れて狩猟・漁撈活動に主体的にかかわり、女性はおもに集落からそう遠くない活動領域での採集や、家庭内における火の管理、炊事に従事する。

縄文時代も基本的な生業活動は、自然の生産物の採集と捕獲であったから、この男女別分業の原則は当てはまり、それは千葉県＊新田野貝塚から出土した動物遺体から、考古学的に説明されている。縄文時代の労働は、基本的には性によって分割されており、協業的な側面は前面に出てこないのであろう。縄文時代の象徴的な性別原理は、分割の原理、男女別原理が働いていた可能性が高く、それと縄文時代に男女一対の像がみられないことは関係しているのではないだろうか。

これに対して、農耕によってあらたな生産物を生み出すという作業は、男女協業の営みである。灌漑稲作など本格的な農耕において、性別の分業は個々の農作業の場面では認められるものの、農耕全体は採集狩猟などと比較した場合、男女協業の側面がつよい。農耕儀礼に男女の性的所作を表現した例が多いのも、農耕生産に男女結合の意味合いが投影されているからだろう。

土偶と石棒類から男女一対の偶像への変化、夫婦合葬の禁止から男女並葬の顕在化へ、縄文時代の性別原理が、弥生時代になるとことごとく変化していることがわかる。縄文時代から弥生時代への男女関係の変化は、狩猟・採集を基本とした生業経済に根ざす男女分割の社会関係から、農業という大陸から導入された生業に根ざした男女合一の社会関係の変化によって説明できる。弥生時代の男女並葬が夫婦である可能性は、こうした社会の変化からも

＊光武帝　（前五～五七）後漢王朝初代皇帝。二五年（建武元年）に即位し、三六年に中国統一を成し遂げた。

＊『後漢書』五世紀ころに范曄がまとめた後漢の書。金印の記述のほか、倭国王帥升が生口一六〇人を皇帝に差し出したことや、一四七～一八九年に倭国が大いに乱れたという記述がある。

＊須玖岡本遺跡　春日市岡本に所在。一八九九年（明治32）に甕棺が発見され、三〇面前後の前漢鏡、ガラス璧、青銅製の武器など多量の副葬品が検出された。奴国の王墓とされている。

＊前漢鏡　前漢代（紀元前二〇六～後八）に製作された青銅鏡。草葉文鏡・星雲文鏡・螭龍文鏡・連弧文銘帯鏡・重

補強することができるが、結論を下すのはＤＮＡ分析データが蓄積されるのを待つことにしたい。

国と王墓の形成

政治的な動きに目を向けよう。一七八四年（天明四）、志賀島で発見された金印には「漢委奴国王」の五文字が彫ってあった。伊都国ともされているが、「奴国王」に下された印とみるのが通説である。そうであれば、建武中元二年（五七）に、*光武帝が倭の奴国の使者に与えたと『*後漢書』の記述にみえる印とするのが妥当である。

紀元一世紀は、弥生時代が中期から後期へ移行する時期であり、それに先立つ中期後半すなわち前一世紀の須玖式土器の甕棺には、福岡県春日市*須玖岡本遺跡のように、多量の前漢鏡*が副葬された場合がある。その一帯は「奴国」に比定されており、群を抜いた副葬品の量を誇る甕棺を擁した須玖岡本遺跡は奴国の中心であり、その甕棺は王墓と目されている。

春日丘陵から三〇キロほど西へ行った糸島市域には、三雲南小路遺跡・*井原鑓溝遺跡があり、江戸時代に発見されたこの遺跡の甕棺にも、前漢鏡から新の*王莽鏡がやはり数十面納められていた。この一帯は「伊都国」に比定されている。

もう少しくわしく、副葬品と墓の構造についてみていこう。須玖岡本遺跡の甕棺には、前漢鏡を中心とする三〇面以上の鏡に加えて、

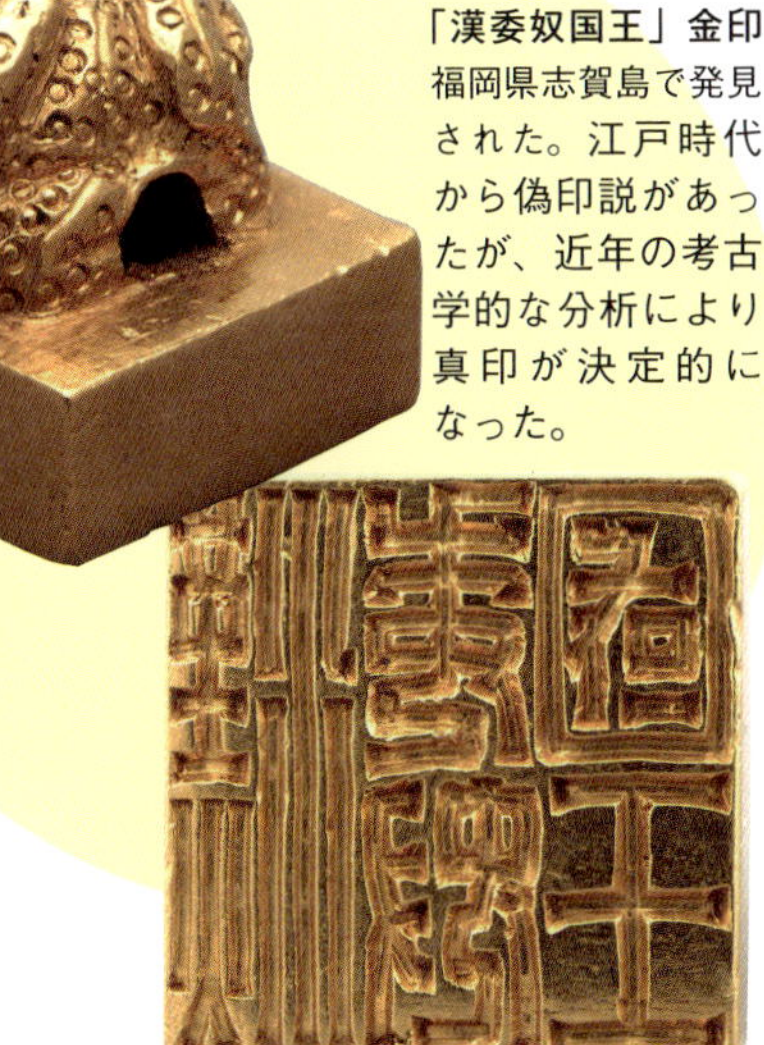

「漢委奴国王」金印　福岡県志賀島で発見された。江戸時代から偽印説があったが、近年の考古学的な分析により真印が決定的になった。

圏銘帯鏡などが代表例。

＊井原鑓溝遺跡　三雲南小路遺跡から一〇〇ｍほど南にある甕棺墓遺跡。最低でも二一面の青銅鏡を副葬しており、鏡はすべて方格規矩鏡である。

＊王莽鏡　新（八〜二三年）の王莽が製作した青銅鏡。方格規矩鏡・内行花文鏡・細線式重帯鏡などがある。

青銅製の武器と鏡を副葬した木棺墓　日本列島でもっとも古い多副葬墓、すなわち副葬品をたくさん納めた墓の一例。副葬品の多くは朝鮮半島系で、首長の出現に朝鮮半島の影響が読み取れる。福岡県吉武高木遺跡。

五本の銅矛と二本の銅剣と一本の銅戈、ガラス勾玉一個、ガラス管玉一個とガラス製の璧*が副葬されていた。これらのうち武器は、朝鮮半島の青銅器の系譜を引いたものであるが、鏡と璧は中国の漢王朝との交渉を明示している。

三雲南小路遺跡の甕棺にも、三五面の前漢鏡のほかに八片のガラス璧などが副葬されていたが、ここではそれに加えて八点の金銅製四葉座飾金具がある。これは木棺の釘の頭を隠すための装飾品で、位の高いものに皇帝が下賜した葬具であり、本来の用い方とは違うが、漢帝国との関係を物語る資料といえよう。

この甕棺は、三二メートル隔てて溝で区画され、墳丘が二メートル以上の高さをもっていたと復元されているので、隔絶した内容の副葬品をもつ特定少数の個人をほかの被葬者と区別する区画を設けた、王墓と呼ぶにふさわしい内容を備えている。

副葬品を多量に納めるようになることと、特定集団墓の出現、あるいはそれが特定個人墓

＊璧　ドーナツ形をした円盤状の製品。日本列島での出土は、須玖岡本遺跡・三雲南小路遺跡など、ごく限られる。

＊多鈕細文鏡　鈕は、鏡の背面に取り付けられた紐を通す孔の開いた突起。中国鏡は真ん中にひとつを原則とするのに対して、朝鮮半島の青銅鏡は複数取り付けられている。

＊吉野ヶ里遺跡　佐賀県神埼

へと成長していくのは、どのような道筋をたどったのだろうか。またそれはいつのことだろうか。

福岡市吉武高木遺跡はそのひとつであり、木棺墓に細形銅剣・細形銅矛・細形銅戈と*多鈕（たちゅう）細文鏡（さいもんきょう）、ヒスイ製の勾玉などを納めていた。紀元前四世紀、弥生中期初頭の墓である。

これらの副葬品は、朝鮮半島の同時代の墓に納められたものと共通しており、おそらく渡来系の人びとによってこの習俗が伝えられたのだろう。その背後には朝鮮半島から有力者（特定集団）が渡来したことが考えられる。

それに続く弥生中期前半〜中葉の特定集団墓としては、佐賀県*吉野ヶ里（よしのがり）遺跡の墳丘墓が注目される。副葬品を多量に納めた墓はないが、銅剣を副葬した甕棺が墳丘上にある。そのうちのひとつ、ＪＳ1002甕棺には*一鋳式の有柄細形銅剣（ゆうへいほそがたどうけん）と七〇個に及ぶ細身のガラス管玉が副葬されており、特別な墓が墳丘のなかに存在していることがわかる。これらの副葬品はいずれも朝鮮半島に系譜が求められる青銅器を中心としている。

朝鮮半島に起源のある副葬品目が、弥生中期後半になると須玖岡本遺跡のように中国前漢の副葬品目に変化していることには大きな意味がある。紀元前一〇八

甕棺の副葬品　「魏志倭人伝」は卑弥呼が魏の皇帝から遣わされた物品のなかに五尺刀のあることを伝えている。漢代の１尺はおよそ23㎝だから１m以上の長刀である。弥生後期には１mクラスの素環頭の大刀の副葬が目立つようになった。右は、ともに納められた中国鏡。佐賀県三津永田遺跡。

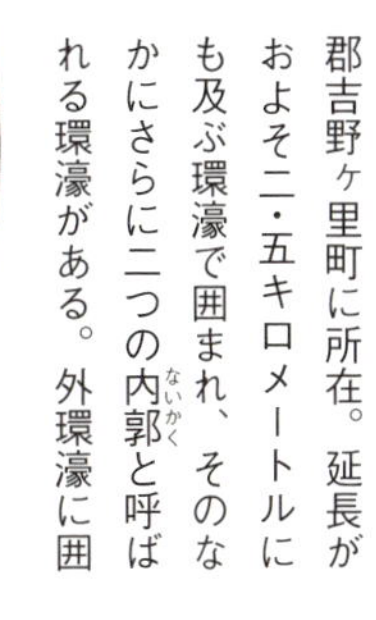

郡吉野ヶ里町に所在。延長がおよそ二・五キロメートルにも及ぶ環濠で囲まれ、そのなかにさらに二つの内郭（ないかく）と呼ばれる環濠がある。外環濠に囲

■ 3世紀の東アジア

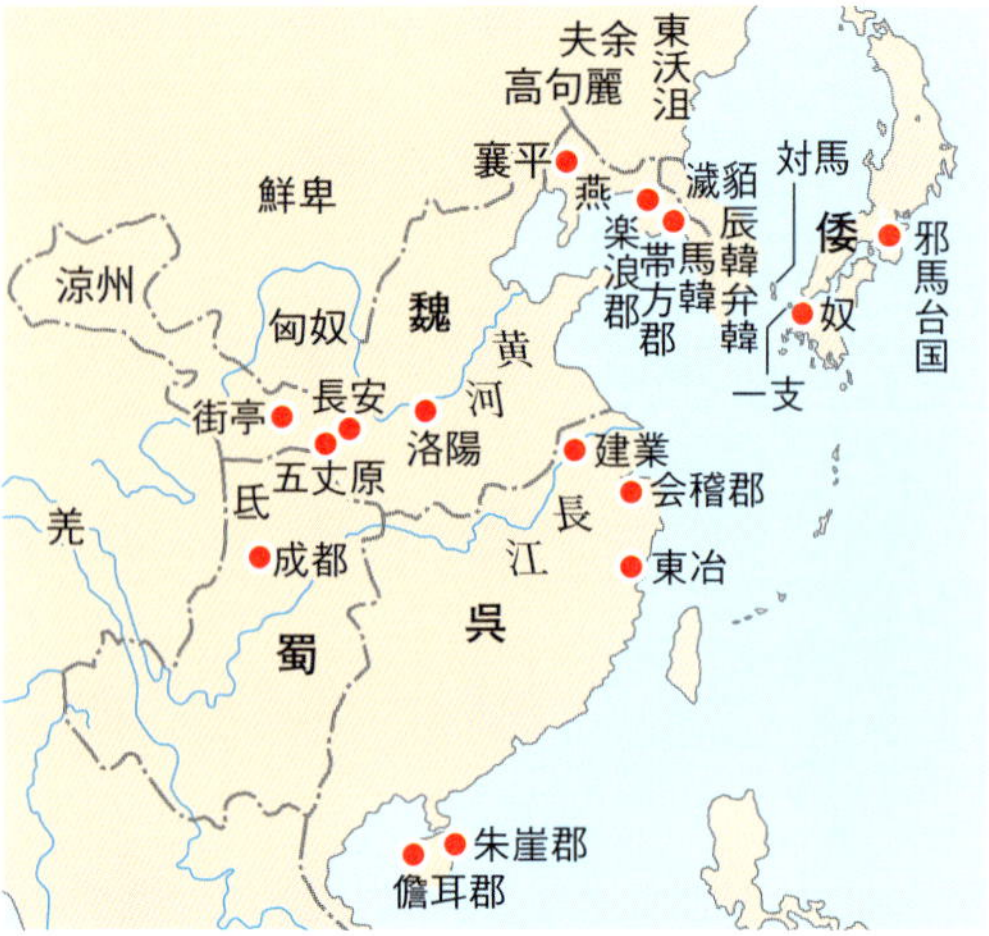

後漢が滅亡した220年に、中国は魏・呉・蜀による三国時代に入った。倭はその攻防のあおりを受けて、弥生時代から古墳時代という時代の変化を迎える。

年、朝鮮半島北部に、前漢の支所である*楽浪郡が設置された。これは漢の武帝による政策で、四郡のうちのひとつであった。

そうなると、楽浪郡を経由して前漢の文化が日本列島に及ぶようになったのであり、それとともに、吉野ケ里遺跡の段階から進行していた特定集団墓の形成から、さらに個人の王墓へと成長を遂げていったが、このことも中国の支配体制をなんらかの形で受容した結果であろう。

日本列島の社会にとって、楽浪郡は計り知れない影響があったし、一世紀ともなれば金印を授かるようになった。これはたんに中国の文化が伝えられたというにとどまらない。中国は周辺諸国にその配下に参入することを求め、朝貢品を差しださせた。そのかわりに爵位などを与えて中国との間に属身関係を結ばせ天子の徳を授けた。これがいわゆる中華思想にもとづく冊封体制である。

これに参入することは、東アジアの文明圏のなかにその地歩を築くことでもあった。日本列島の場合は、建武中元二年の光武帝からの金印紫綬の下賜が、冊封体制への編入の時点と

まれた範囲は、約四〇ヘクタールをはかる。

*一鋳式　柄を身といっしょに鋳造したもの。

*楽浪郡　紀元前一〇八年、中国の武帝が衛氏朝鮮を滅ぼして設置した四郡のひとつ。郡治（役所）は現在の平壌郊外に存在したとされている。大同江南岸の土城址からは、「楽浪礼官」「楽浪富貴」という文字を記した瓦や楽浪郡所属の県名を記した封泥（スタンプ）が出土した。土城址の南から東には、数千の墳墓が存在している。

されている。佐賀県三津永田遺跡からは、後漢の細線式獣帯鏡とともに長い鉄刀が甕棺に副葬されていた。長刀もまた漢帝国からの下賜品であることは、中国雲南地方などでも共通しており、武威の象徴を与えることは防共協定を締結したことを意味していたとされる。いってみれば、今日の安保同盟のようなものであった。

『三国志』*魏書韓伝には、韓・濊・倭がみな弁辰*の鉄をとっていると記述されている。後漢の皇帝の傘下に入った「奴国」が弁辰の鉄を交易によって入手する権限もまた、光武帝の認証によるとされており、漢という当時の大帝国との交渉の確立は、先進的な文物の輸入とそれに付随して政治的成長や国家形成への歩みをうながす社会の仕組みがもたらされたことを意味している。

卑弥呼登場の背景

邪馬台国は、三世紀に魏で編纂された正史『三国志』に登場する倭の国のひとつである。その所在地をめぐって、さまざまな議論が交わされてきたことは、よく知られている。有力なのは九州説と畿内説であり、それ以外の説は根拠が薄い。

各地からもたらされた土器　吉備系、北陸系、山陰系、東海系と在地の土器。煮炊きに使う器も多く、生活のために携えてきたことを示す。都や墓づくりに従事したのかもしれない。奈良県纏向遺跡。

＊『三国志』　西晋の陳寿が編纂した魏・呉・蜀の史書。魏の正史を記す。魏の周辺の国々の歴史と地理が詳述されており、『魏書』烏丸鮮卑東夷伝韓条の次に掲載された倭人の条がいわゆる「魏志倭人伝」である。

＊弁辰　朝鮮半島南東部には、紀元前二世紀末～四世紀に馬韓・弁韓・辰韓という三つの国があったが、そのうち今の慶尚南道付近に位置する弁韓と慶尚北道付近に位置する辰韓をあわせて弁辰という。

■ 纒向遺跡に集まる土器　（文化庁編『発掘された日本列島 2010』より）

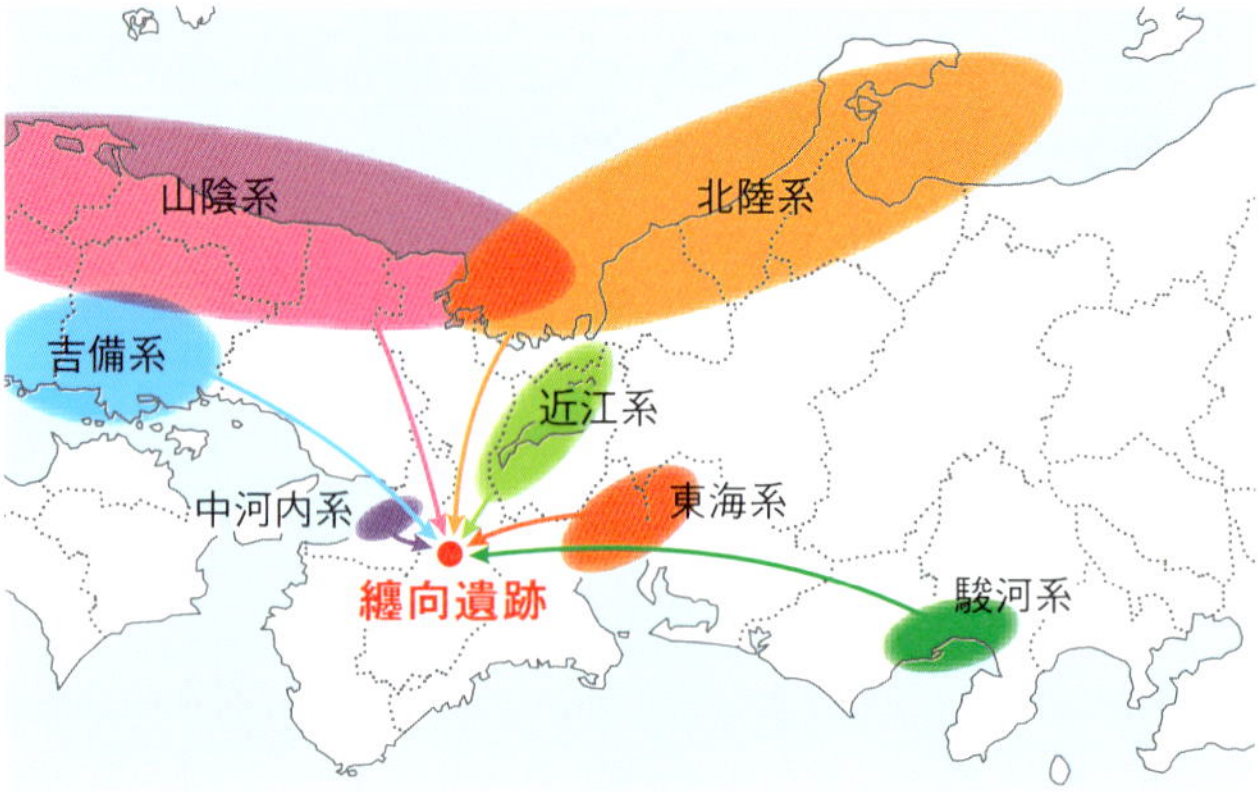

外来系土器のうちもっとも多いのは東海地方の土器であり、遠くは関東地方や北部九州地方からもたらされた。

邪馬台国の女王卑弥呼は二世紀後半の「倭国乱」を経て共立され、景初三年（二三九）に魏に使いを送った。卑弥呼が死去するのが二四八年ころのことである。現在、さまざまな角度から、古墳時代の開始は三世紀半ばとされている。つまり、邪馬台国は二世紀後半〜三世紀半ばの弥生時代終末、古墳時代直前にその歴史を文献に刻んだのである。邪馬台国の所在地をめぐっては、一〜三世紀の倭国における勢力のありかたが問題となるので、順を追ってみていこう。

　北部九州で、「奴国」が正史に登場するのは建武中元二年、西暦五七年である。先にみてきたように、福岡市須玖岡本遺跡に多量の前漢鏡を副葬したいわゆる王墓が形成されたのは、紀元前一世紀のことである。

　永初元年（一〇七）に倭国王＊帥升らが後漢の安帝に使いを送ったが、それはすでに成立していた倭国の使者ともされているのであって、奴国は二世紀初頭まではそれに併呑されたのであろう。糸島市三雲南小路遺跡や井原鑓溝遺跡、あるいは＊平原遺跡のように、「伊都国」で王墓が継続するのに対して、「奴国」では続かない。

＊帥升　『後漢書』東夷伝に登場する倭国王。このとき、奴隷とされる生口一六〇人などを差し出して謁見を願ったとされる。たんなる国の王ではなく倭国の王という記述からすると、紀元一世紀には国々の統合が進み、倭国連合が成立していたとされる。

＊平原遺跡　福岡県糸島市平原に所在。一四×一二メートルの方形周溝墓の木棺から、鉄刀やガラス勾玉・メノウ製管玉などの副葬品が出土した。際立った遺物は四〇枚もの青銅鏡で、なかには直径約四六センチに及ぶ仿製鏡（倭製鏡）も含まれていた。

■漢鏡の分布の変遷

（岡村秀典『三角縁神獣鏡の時代』より、一部改変）

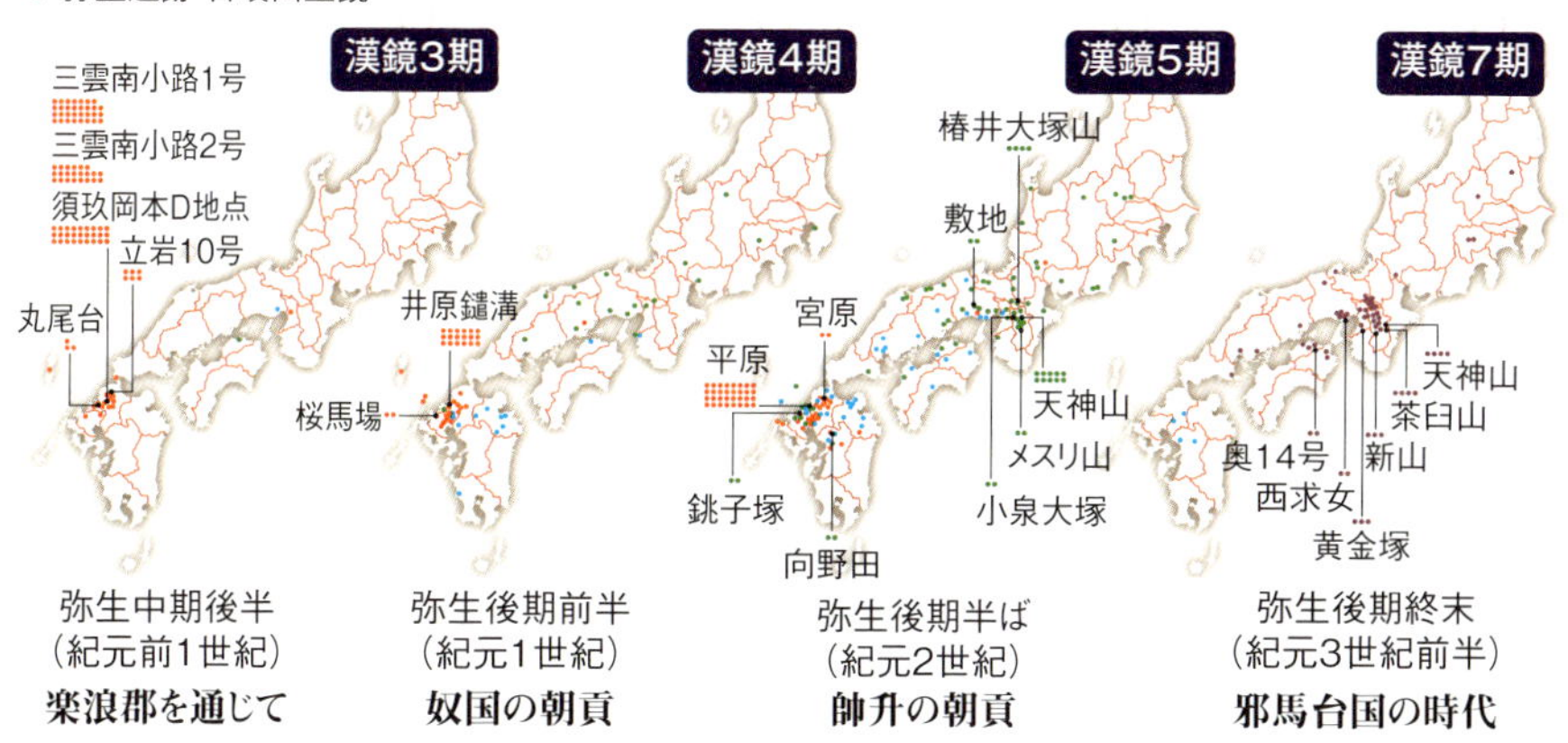

北部九州にあれほど集中していた中国鏡が、２～３世紀を境に近畿地方に分布の中心を移した。この時期に威信財の流通に大きな変化のあったことがわかる。

この考古学的事実は、代々「伊都国」に王があり、「伊都国」に「一大卒」「大倭」という諸国を検察する役職や外交の窓口を置いたという三世紀の「魏志倭人伝」の記録と整合性をもつ。奴国を牽制した邪馬台国の政策であろう。

弥生後期の二世紀から三世紀にかけて、近畿地方などで大型の環濠集落*は解体していくが、それは銅鐸や銅矛などの共同体の結束を象徴する祭器の廃棄と、前方後円墳につながる巨大墳丘墓*の各地における築造と時を同じくしている。あらたな政治的秩序の形成が、広い範囲で進行しはじめたのである。

三世紀という時代は、全国的に土器の移動が活発化した時代である。物資が流通し、それが集中し

＊環濠集落　居住域などに溝をめぐらした集落。防御の機能をもつとされる。中国の新石器時代に源があり、朝鮮半島を経由して弥生時代の日本列島に伝えられた。

＊墳丘墓　高く土をもった墳墓。弥生後期後半の中国地方で大型の墳丘墓が登場し、古墳の母体となったので、政治的な動向を分析する重要な資料になっている。

箸墓古墳　昼は人がつくり、夜は神がつくったとされる奈良県箸墓は、女性が眠っている伝承もある。卑弥呼がその被葬者ではないかという説は古くからあったが、近年の実年代の見直しで再評価されている。

ていくところに人びとが集まり、人口増加が加速し、市場やそれを統括する機関などが成立し、都市形成の条件が整う。そうした観点から三世紀の土器の移動形態を北部九州と畿内*地方で比較してみると、興味深いことがわかる。

北部九州には畿内地方の土器が移動しているが、畿内地方へもたらされた北部九州の土器はごくわずかである。

一方、畿内地方のうち、とくに奈良県纏向（まきむく）*遺跡には、東は関東地方から西は北部九州地方にいたるまで各地の土器が集まり、全体のおよそ一五パーセントを外来系の土器で占めるようになった。

纏向遺跡は、二世紀終末に突然出現した大規模な集落であり、日本列島で最初の都市ではないかという意見もある。それはともかくとしても、流通の

*畿内　山城・大和・河内・和泉・摂津が「畿内」と呼ばれるようになるのは八世紀だが、弥生時代のこの地方を畿内地方として記述を進める。

*纏向遺跡　奈良県桜井市にある弥生後期後半～古墳前期の巨大集落。二世紀終末ごろに突如出現し、一〇〇ヘクタールに及ぶ。大形の建物を規則的に配置した箇所や、運河とされる大きな溝、祭祀に用いた遺物が出土した土坑など、政治的、経済的、祭祀的に重要な遺構が検出されている。最古の前方後円墳である箸墓がその一角に位置するなど、ヤマト政権の成立を考えるうえで重要な遺跡。

*楯築墳丘墓　岡山県倉敷市に所在。双方中円形で、全長は推定で八〇メートル、当時の日本列島で最大の墳丘墓。

活性化という点からいえば、畿内地方の達成度のほうが北部九州に比して高い。大きな墳丘墓造営の動きは二世紀後半ころに吉備地方の岡山県＊楯築墳丘墓や山陰地方の島根県＊西谷墳墓群で始まるが、二世紀終末～三世紀には丹後地方を経て畿内地方にその行為が及び、奈良県纏向石塚や勝山墳丘墓など、古墳時代の前方後円墳につながるような首長墓が築かれた。しかし、北部九州にその動きは希薄である。

卑弥呼が魏の皇帝から下賜された品物に、銅鏡一〇〇枚がある。＊三角縁神獣鏡が畿内地方の前方後円墳を中心に出土し、そこから各地の首長に配布された状況から、これこそ卑弥呼が下賜された銅鏡であり、邪馬台国畿内説の有力な証拠とされてきた。三角縁神獣鏡は中国では一枚も見つかっていないことなどから、この説を疑問視するむきもあり、論争に決着はついていない。

しかし、紀元前後につくられた前漢後半～後漢前半の鏡は北部九州の甕棺墓に集中するものの、二世紀～三世紀にかけてつくられた画文帯神獣鏡など後漢後半～三国時代の鏡は東日本にいたるまで広く分布し、その後、三角縁神獣鏡が畿内地方を中心に分布するようになるという分布の変動は動かしがたい。その分布の変動こそ、「倭国乱」を経て再編成された物資の流通ルートを示す。その際に交易者同盟というべき流通機構に参与していった地域が、その結束の証しとして手中に収めたのが三角縁神獣鏡であるという説は、注目に値しよう。

前方後円墳が大和地方を中心とする畿内地方で出現し、古墳時代がはじまるのは周知の事実である。

そうしたとき、その前提となる勢力が二～三世紀に成立してくる畿内地方は、この間の歴

＊西谷墳墓群　島根県出雲市に所在。四隅に張り出しをもつ方形の四隅突出型墳丘墓を特徴とする。最大の西谷9号墓は四二×三五メートル。

＊三角縁神獣鏡　縁の断面が三角形をなす青銅鏡。三～四世紀に製作された。景初三年（二三九）の銘文があることから卑弥呼が魏から遣わされた鏡ではないかとされるが、中国から出土していないなど、中国での製作を疑う説もある。

＊末盧国　「魏志倭人伝」に記載された倭の国のひとつ。佐賀県唐津平野周辺と考えられている。

＊伊都国　「魏志倭人伝」に記載された倭の国のひとつ。今の糸島地方周辺と考えられている。

＊奴国　「魏志倭人伝」に記

史を説明するうえで、たいへん有利な条件を備えている。逆に北部九州に邪馬台国があり、それがヤマト政権の母体になっていたとすれば、大挙して西から東へと勢力が移動してきた状況を想定しなければならなくなるが、そのような事実はない。

「魏志倭人伝」は、北部九州の諸勢力として「*末盧国（まつらこく）」「*伊都国（いとこく）」「*奴国（なこく）」などをあげているが、そのなかでもっとも戸数すなわち人口が多いのは「奴国」である。「奴国」は須玖岡本遺跡などのある春日丘陵から博多湾付近に比定されており、弥生時代の九州でもっとも大きな勢力を形成していた。しかし邪馬台国はその二倍以上の人口を擁する勢力であり、九州のなかにそのような地域を求めるのは困難である。

「魏志倭人伝」に記された卑弥呼の墓は、「*径百余歩」という一〇〇メートル以上の規模をもつ墳丘墓である。三世紀の北部九州にそれほどの規模の墳墓がないので、その地を所在地の候補にあげることはできない。その一方で、近年の*古墳時代開始年代の遡及によって、全長およそ二八〇メートル、後円部の直径がおよそ一五〇メートルに及ぶ奈良県*箸墓（はしはか）古墳が卑弥呼の墓である、という説の妥当性のほうが高くなった。

卑弥呼は邪馬台国連合を構成する諸勢力によって共立された。その墓の可能性がある箸墓を含む前期の前方後円墳の特徴は、青銅鏡の多量副葬や葺石・竪穴式石槨・埴輪樹立・墳形など、北部九州から讃岐（さぬき）地方に及ぶ各地の弥生墳丘墓に見られた要素を合体させて成立した点にあり、卑弥呼の「共立」と重なり合う。

載された倭の国のひとつ。今の福岡平野周辺と考えられている。須玖岡本遺跡の甕棺には三〇面余の前漢鏡が副葬されており、伊都国と並ぶ大国であったことがうかがえる。

*径百余歩　魏晋代の一尺は二四・二センチ、一歩は六尺であるから、百余歩はおよそ一五〇メートルになる。

*古墳時代開始年代　前方後円墳は四世紀初頭～三世紀終末の成立とされていたが、三角縁神獣鏡の分析結果、須恵器生産の開始年代、箸墓周辺から出土した土器の炭素14年代測定結果から、三世紀半ば築造説が有力視されている。

*箸墓古墳　奈良県桜井市にある三世紀半ばに築造された前方後円墳。墳丘から検出された埴輪などから、もっとも古い前方後円墳とされている。

第二章　弥生人の暮らし

食の体系

水田稲作の開始と展開

日本列島でもっとも古い弥生早期の水田と灌漑用水路が見つかった福岡県板付*遺跡は台地の縁に集落を構え、それに臨む微高地を水田としている。かつて日本列島の水稲は湿田で直播していた粗放なものから、徐々に進化し、灌漑設備も整えられてようやく半乾田や乾田などをつくることのできる生産性の高い土地へと進出したと考えられていた。

しかし、板付遺跡のそれは、出現の当初から水流を調整する堰を備えるなど、高度な技術を擁した水田であった。ほぼ同じ年代の水田跡は、朝鮮半島南部からも見つかっている。中国の長江中・下流域で紀元前六〇〇〇年ころに本格化した水田稲作は、紀元前三〇〇〇年ころ山東半島に及び、紀元前一〇〇〇年代に朝鮮半島南部に及んだ。まもなく朝鮮半島で高められた灌漑技術がほぼそのまま日本列島に導入されたのである。

弥生早期の水田稲作は北部九州にとどまったが、前六〇〇年代に関門海峡を越えて近畿地

水田跡から見つかった当時の足跡　まれに弥生人のはだしの足跡が水田から見つかるが、この足跡は外反母趾ならぬ立派な内反母趾である。福岡県板付遺跡。

*板付遺跡　福岡平野のただなか、福岡市博多区板付に所在。もっとも古い弥生時代の環濠集落のひとつ。縄文晩期終末とされていた地層から水田跡が見つかり、弥生早期の設定につながった。

方から東海地方西部に定着した。弥生前期後半から中期になると温暖な気候になり、稲作前線の北上を後押しして東北地方北部にまで達した。青森県砂沢*遺跡からは、弥生前期の水田跡が検出されている。

東北地方北部では、弥生中期中葉になると青森県田舎館村垂柳（たれやなぎ）*遺跡に代表されるように、微高地に広い面積を占める水田があらわれた。六〇〇枚以上に区画されたおよそ四〇〇〇平方メートルにおよぶ水田を営んでおり、およそ五〇〇平方メートルの砂沢遺跡とはけた違いの面積である。

小区画水田跡の発掘　大規模な造成をおこなわなくても田に水が張れるように、畦で区画した面積を小さくしている。宮城県富沢遺跡。

砂沢遺跡の水田が緩傾斜地の地形勾配にあわせて築かれたのに対して、垂柳遺跡の水田は、より平坦な地形面に展開させたために広い耕地を確保することが可能となり、生産力が増すようになったのである。

弥生中期中葉の東北地方北部で稲作が発展的に展開したのは、温暖な気候に負っていたことを評価しなくてはならないが、そればかりではない。田舎館遺跡の水田跡からそれまでにはなかった木製農具である鍬（くわ）の未成品とともに南御山（みなみおやま）2式土器という東北中～南部からの搬入品と思われる土器が出土している。仙台平野周辺など東北地方中～

＊砂沢遺跡　青森県弘前市郊外に所在。縄文晩期終末の砂沢式土器の標識遺跡として知られていたが、一九八七年（昭和62）、この時期の水田跡が検出され、東北地方の水田稲作が弥生前期にさかのぼることが立証された。

＊垂柳遺跡　青森県田舎館村垂柳に所在。一九八一年（昭和56）、弥生中期中葉の水田跡が検出され、弥生時代に東北地方北部まで水田稲作が広まっていたことが具体的に明らかにされた。水田一枚の平均面積は八平方メートルと小さい。

南部では、弥生中期前半から本格的な水田稲作を営み、大陸系磨製石器を本格的に導入し、阿武隈山系では磨製石包丁*も独自に生産して流通させる仕組みもできあがりつつあった。東北地方北部にまで及ぶ本格的な水田稲作の展開は、いわば稲作の先進地帯からの技術の拡散・導入を考えないわけにはいかない。

ところが弥生中期後半から後期にかけて、水田稲作は東北地方北部からほとんど消え去ってしまう。寒冷化がその要因と考えられているが、宮城県仙台市沓形遺跡の発掘調査によって明らかにされたように、津波という自然災害もその要因となった。自然環境に大きく左右される稲作の、この地方での限界も露呈している。

水田稲作の実態

弥生文化の水田は、田の一枚一枚の面積がたいへん小さい。二〇平方メートル前後が多く、小区画水田と呼ばれている。水田には水を張らなくてはならない。そのためには田を平らに造成する必要がある。一見平らに見える土地でも、微妙な起伏や傾斜があるので、そのままでは全体に水が行きわたらない。区画の面積を小さくすることで、平らにする造成労力を軽減したのであり、これもまた朝鮮半島に見られる技術である。

石庖丁（復元）　名前は石包丁だが、包丁ではなく穂摘具である。品種改良が進まない時代には、捻熟のタイミングを考慮して穂先で摘む必要があった。

＊石包丁　半月形の磨製石器で、紐を通して手首にからめるための孔があいているのが一般的。中国の新石器時代に起源があり、朝鮮半島南部を経て日本列島に伝わった。

さまざまな起伏にとんだ地形である日本列島では、地下水位の高低など土地の条件に応じて取水や排水の水路を設けたり、水流を調節するための井堰を強化したり、あるいは畔の崩壊を防ぐため杭列により強化するなど、地域ごとにさまざまなくふうをおこなった。

栽培されたのは、ジャポニカ種という、いわゆる短粒の粳米である。イネは害虫や雑草に弱い。そもそも水田は、イネの生育初期に害虫を防ぐ役割があった。また、田植えは、雑草に負けないくらいに育つまで集中管理をする必要から生まれた技術である。弥生後期の岡山県*百間川遺跡では、水田に稲株の痕が残されており、田植えがおこなわれていたことを推測させた。

滋賀県大中の湖南遺跡などから発見された稲穂は、穂先から一八センチほど下で摘んでいる。奈良県*唐古・鍵遺跡では直径三センチほどの稲束が見つかった。やはり全長が二〇センチに満たない。イネは石庖丁によって穂首から摘まれた。品種改良の進んでいない弥生時代のイネは株のなかの穂ごとに稔熟期が異なるので、根刈りは不向きであり、穂摘みが一般的であった。石鎌や大型の*剥片石器は、刈り残した稲穂の処理などに用いられた。

刈り取ったイネは、とっくりのような形の袋状土坑に納めた。袋状土坑は弥生前期から中期にかけて見られる。福岡県小郡市横隈山遺跡ではイネが束ねられず、雑然と袋状竪穴の中に積み上げられていた。袋状土坑からはしばしば焦げた稲束が出土することがある。『*斉民要術』の記載にヒントを得て、虫を封じるために火入れをおこなったが火力が強すぎて焦げてしまったのではないか、とされている。袋状竪穴は縄文時代にもあるが、弥生時代のものと分布を異にし、系譜が違う。韓国では松菊里遺跡など中期青銅器文化にともなうことが明

*百間川遺跡　岡山市の旭川下流に所在。弥生前～後期の水田跡が五〇〇枚以上見つかり、後期の水田では、洪水の砂で埋まった稲株の痕跡が発見された。稲株の痕は列をなしており、数名で田植えをした状況も復元されている。しかし、この痕跡は地震の痕である可能性も指摘されている。

*唐古・鍵遺跡　奈良県磯城郡田原本町に所在。一九三七年（昭和12）、鍬や竪杵などの木製農具が大量に出土、弥生時代が農耕を基礎にしていた時代であることが判明した。

*剥片石器　石器を製作するときに生じた石の切片を石器として利用したもの。

*『斉民要術』　六世紀の北魏で成立した農書。植物の栽培方法、調理方法、家畜の飼育方法などを説いている。

再現された高床建物　銅鐸にも描かれた、イネを納めた大事な倉庫だったろう。右写真が、ネズミ返し。

らかにされており、中国の新石器時代の*灰坑に源流をもつであろう。

高床倉庫も弥生前期に現れ、イネを納めるのに使用された。静岡県伊豆の国市山木遺跡から出土した木製品には、*ネズミ返しや梯子があり、静岡県*登呂遺跡の高床倉庫の復元に利用された。高床倉庫は南方系（華中・華南）とされるが、朝鮮半島北部にもあるので、弥生時代の高床倉庫の系譜はまだ不明である。

このように弥生時代のイネには二つの貯蔵法があったが、日本列島は湿気が多いので、袋状土坑は早く廃れたとされている。

農耕と土器・石器・木器

北部九州の縄文晩期の土器には壺形土器はほとんどなかったのに、弥生時代になると大小の壺形土器が比率を増してくる。農耕文化が東へと広まり、その地方で農耕が定着していくのと歩調を合わせるように、各地で壺形土器が出現して比率を増していった。

壺形土器は北部九州で弥生早期に約八パーセントであったのが弥生前期になると約三〇

*灰坑　中国新石器時代の集落遺跡にみられる食物の貯蔵などのための穴倉。

*ネズミ返し　高床倉庫の床と接する付近の柱にはネズミ返しと呼ばれる板を取り付けてネズミが登って侵入するのを防いだ。

*登呂遺跡　静岡市駿河区にある弥生時代の集落遺跡。戦後まもなく発掘調査がおこなわれ、数棟の竪穴住居跡や高床倉庫跡が見つかり集落の全体像が明らかになるとともに、弥生時代の遺跡で初めて水田跡が発掘された。

パーセントになり、関東地方では農耕を始めた弥生前期に二〇パーセント程度であったのが中期に五〇パーセント近くになるように、壺形土器が全器種のうち三割をこえるようになるのが成熟した農耕社会といってよいだろう。

壺形土器が農耕と深い関係があるのは日本ばかりではない。中国や西アジアでも同じように新石器時代に壺形土器が重要な役割をもつようになった。これは、頸のすぼまった壺が穀物など湿気を嫌うものを貯蔵するのに適した形と機能をもっていたからにほかならない。

中国や西アジアで新石器時代に彩文土器が発達するが、弥生土器も彩文土器と同じ技術をもつ赤色塗

■ 壺形土器の比率の増加

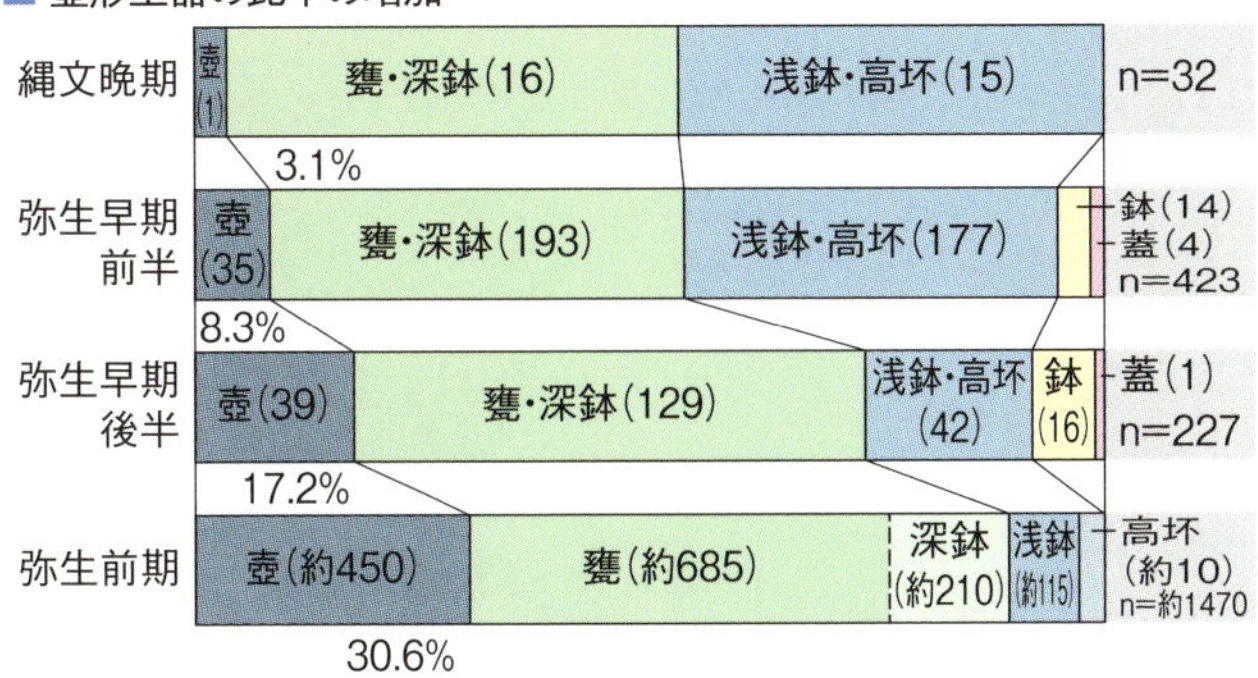

水田稲作がはじまると、土器の全器種のなかで壺形土器の比率が1割に近くなる。稲作の展開とともに壺の比率が増していくのは全国的な傾向である。グラフは、福岡県・佐賀県域の遺跡出土土器から集計した。

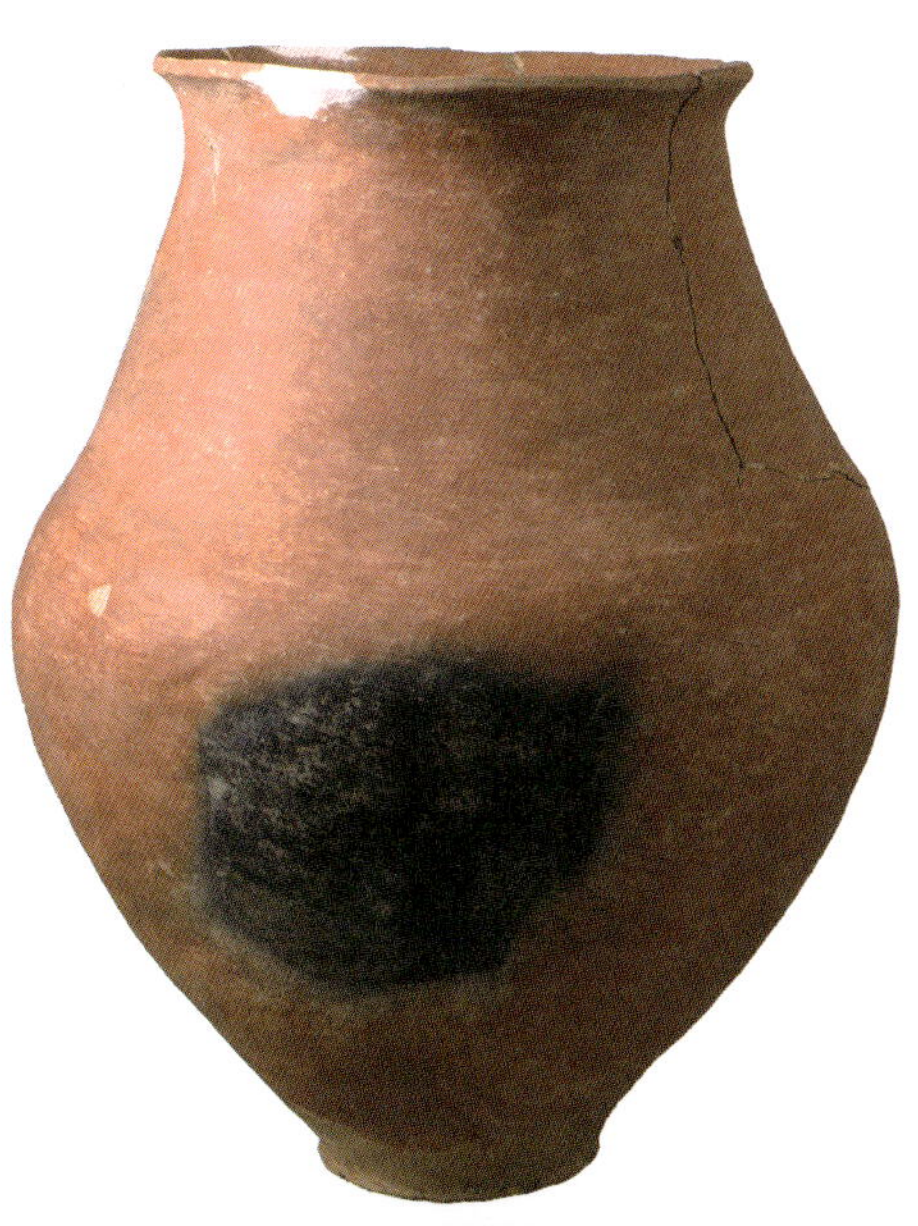

最初期の弥生土器のセット　真っ赤に塗られたのを含む各種の壺は朝鮮半島の影響が強い。突帯装飾のついた甕は縄文系の器だが、突帯装飾も朝鮮半島に由来するという説がある。福岡県板付遺跡。

彩土器が早期に生まれた。これはベンガラなどを土器に塗り、よく磨いてから焼成するために吸着する赤色磨研土器の技術であり、青銅器時代*の朝鮮半島から日本列島に農耕とともにもたらされた。

弥生土器の主要な器種は、壺のほかに甕・高杯・鉢がある。

甕は煮炊きに使ったが、使用したときに生じたススやコゲのつき方の分析によって、どのような調理方法で何を煮炊きしていたのか推測する研究が進んでいる。たとえば岡山県上東遺跡*の弥生後期の甕形土器にはふきこぼれの痕跡が残っており、コメを炊いていたことが判明した。甕の内側のコゲがどの位置にあるかにより、炊飯に用いていたのか、おかずの調理に用いていたのかといった推定もなされている。

縄文時代に煮炊きに用いた深鉢と比較して、弥生土器の甕の容量が小さいこともたしかめられた。これは縄文土器の深鉢が、おもにドングリ類のアク抜きなどのための煮沸(しゃふつ)に用いられたのに対して、弥生土器の甕が主食のコメとおかずの調理具として用いられたからだとされる。

弥生時代の大陸系磨製石斧*(ませいせきふ)は太型蛤刃(はまぐりば)石斧・

吹きこぼれ痕のある土器　釜で米を炊くと、このような吹きこぼれがよくできる。岡山県上東遺跡。

大陸系磨製石器　西日本の石斧の種類が豊富なのは、木製農具をつくる装備だったからだ。抉入石斧は青森県からも出土している。縄文系の弥生人には憧れの的であったろう。佐賀県吉野ヶ里遺跡。

＊青銅器時代　朝鮮半島の紀元前二千年紀後半〜前六世紀。

＊上東遺跡　岡山県倉敷市上東に所在。遺跡の範囲は東西一キロ、南北二キロに及ぶ中国地方屈指の集落であり、船着き場跡も検出されたように、流通の拠点であった。

＊大陸系磨製石斧　太形蛤刃石斧は刃の側面形がハマグリに似ていることから名付けられた。基部が分厚く重くつくられているのも特徴的である。扁平片刃石斧は整った長方形で鋭い刃をもつ鉋(かんな)の刃のような石斧、抉入片刃石斧は緊縛のための抉りを入れた石斧。

柱状片刃石斧・抉入片刃石斧・扁平片刃石斧・鑿状石斧など多様で、画一的な形態に分化した。それぞれが、まさかり、荒削り、細かい削り、ほぞを穿つような細工にもちいたものであり、加工の対象である木製農具の伐採から仕上げまでの道具として取り揃えられた。木製農具の鍬や鋤は、大地に働き掛けるためにカシの木など頑丈な素材が好まれた。そのために伐採斧は太く重くなるなど、さまざまな加工工程に応じた形態と機能をもつ石斧が必要とされたのである。

穀物を刈り取るための石包丁を含めて、これらの磨製石器は朝鮮半島に同じセットがあるので、大陸系磨製石器と呼ばれている。ただし、太型蛤刃石斧は縄文時代の斧の伝統を引き、

木製農具　農作業や立地に応じて各種に分化した木製農具。左の長いのは臼の杵であり、餅搗きで使う搗部が直角についた横杵とは違う古い形態の竪杵である。福岡県ツイジ遺跡。

石包丁の刃のつけ方が朝鮮半島のものと異なるなど、創意工夫も随所に認められる。
木製農具には、*諸手鍬（もろてぐわ）・一本鋤などのほかに、水をはった田をならすためのエブリ*、先がいくつかに分かれた又鍬・又鋤などの区別がある。また泥田で使う鍬には泥除けがつけられたり、沈み込まないように足につけた田下駄*や苗草（なえくさ）などを踏みこんで肥料とするための大足といった農具などが用いられた。収穫した稲は臼（うす）と*竪杵（たてぎね）を用いて脱穀した。

このように、土地条件や農作業の各段階に応じて木製農具は多様に分化し、各地で多少の形態変化をとげていた。諸手鍬とエブリは弥生早期から存在しており、そのほかの農具も前期には出現し、すでに弥生時代の早い段階で木製農具は完成した姿をみせている。

灌漑水田稲作や磨製石器が朝鮮半島から伝わったように、木製農具が朝鮮半島からもたらされた技術をもとにしている可能性は高いが、朝鮮半島で弥生早期にさかのぼる木製農具はまだ明らかではないので、これからの調査に期待がかかる。

木の実食と雑穀栽培

水さらしによってドングリ類のアクを抜く技術は縄文時代に開発され、ドングリ類*やトチノキの種実などは縄文時代の主要食物になった。

弥生時代にも縄文時代の堅果類の水さらし場と類似する施設が検出されている。福岡県長*野小西田遺跡の水さらし場遺構は弥生前~中期の例で、一五基もの木枠組遺構が連接していた。縄文時代の水さらし場とそれに伴う技術をそのまま継承している。

同じような施設は、弥生中期後半の京都府*奈具岡（なぐおか）遺跡からもみつかっているが、トチノキ

*諸手鍬　両端に刃のついた開墾用具。

*エブリ　校庭をならすときに使用するトンボという器具に似た形の、長い刃をもつT字形の農具。

*田下駄と大足　田下駄は水田などの湿地で農作業をする際に沈み込むのを防ぐために足に履く大きな板の総称。大足はそのひとつで、肥料を踏み込む際に用いた。

*竪杵　直線の棒状で、中央部を握って上下に突くことでイネの脱穀などに用いた。

*ドングリ類　西日本に主に分布するイチイガシなどは渋みが少ないが、東日本を主とするアカガシ、トチノキの実などは、アク抜きをして渋みを除かないと、ほとんど食せない。

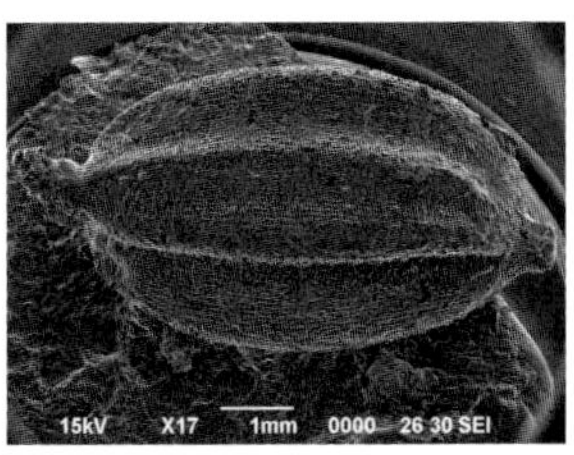

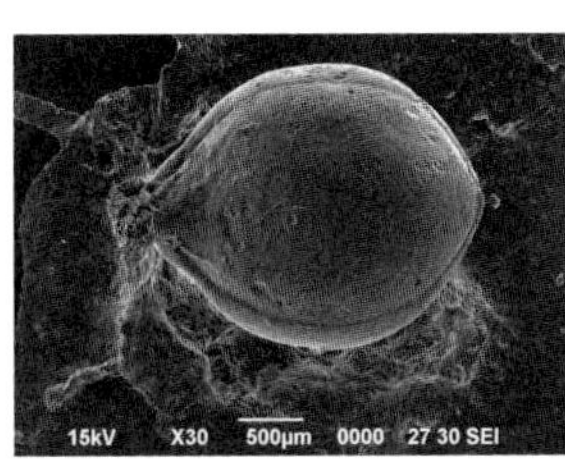

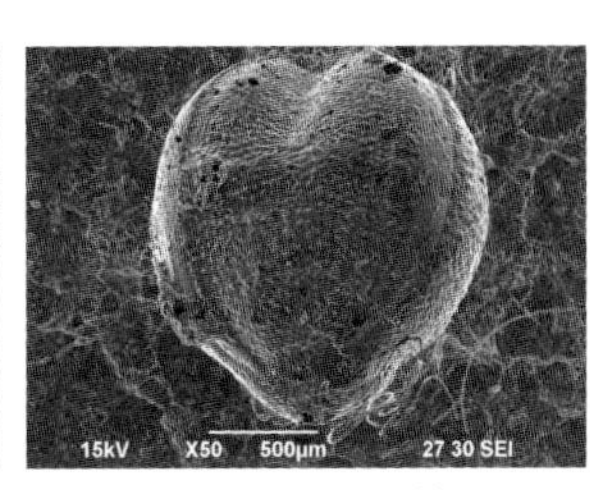

イネ、キビ、アワの種実　レプリカ法によって型取りした土器の表面の種実圧痕を、走査型電子顕微鏡によりおよそ20倍に拡大した写真。左からイネ、キビ、アワである。

の種実は多量である。これらからうかがえるのは、飢饉（ききん）などに備えた臨時的施設というよりも、ある程度主食確保の目的であった可能性である。そうなると、弥生時代のコメの収穫量が主食のすべてをまかなうには足りない場合があったことも考えないといけない。

弥生時代の雑穀の代表はアワ・キビ*である。中国でもっとも古いアワの出土例は新石器時代前期の華北における*磁山（じさん）・裴李崗（はいりこう）文化であり、およそ紀元前六〇〇〇年にさかのぼる。キビはほぼ同じ年代の中国東北地方の*興隆窪（こうりゅうわ）文化がもっとも古い。それらが広まって朝鮮半島に達したのは、およそ前四〇〇〇年紀の新石器時代中期のことである。日本に併行させれば縄文前～中期である。それでは、日本への渡来はいつごろなのだろうか。

日本列島でアワ・キビは縄文時代から栽培されていたと考えられていたが、土器に残った種実の圧痕をシリコンで型をとって走査型電子顕微鏡で観察し、種を同定するレプリカ法という分析によって見直し作業が進められている。また、炭化した種実の年代をAMS炭素年代測定法によって正確に割り出す検証作業も進んでいる。それによって、現状では縄文晩期終末の突帯文*土器の時期、すなわち三〇〇〇年前をさかのぼる確実な穀物はないとされ

*長野小西田遺跡　福岡県北九州市小倉南区に所在。トチノキの実の水さらし場遺構のほかに、アカガシ亜属の樹木を水につけた遺構も出土した。

*奈具岡遺跡　京都府京丹後市に所在。水晶製の勾玉や小玉とともに、その製作過程がわかる未成品が多数出土した。

*アワ・キビ　いずれも日本列島に原種はなく、弥生時代に大陸から渡来した植物。

*磁山・裴李崗文化　黄河流域の紀元前六〇〇〇年にさかのぼる新石器文化。磁山遺跡では、アワやキビの栽培がおこなわれ、ブタやイヌ、ウシ、ニワトリなどの家畜を飼育していたことがわかっている。

*興隆窪文化　中国東北地方、遼西地域の初期新石器文化。興隆溝遺跡では炭化したアワ

■ 稲作伝播のルート　（佐々木高明『日本史誕生』を改変）

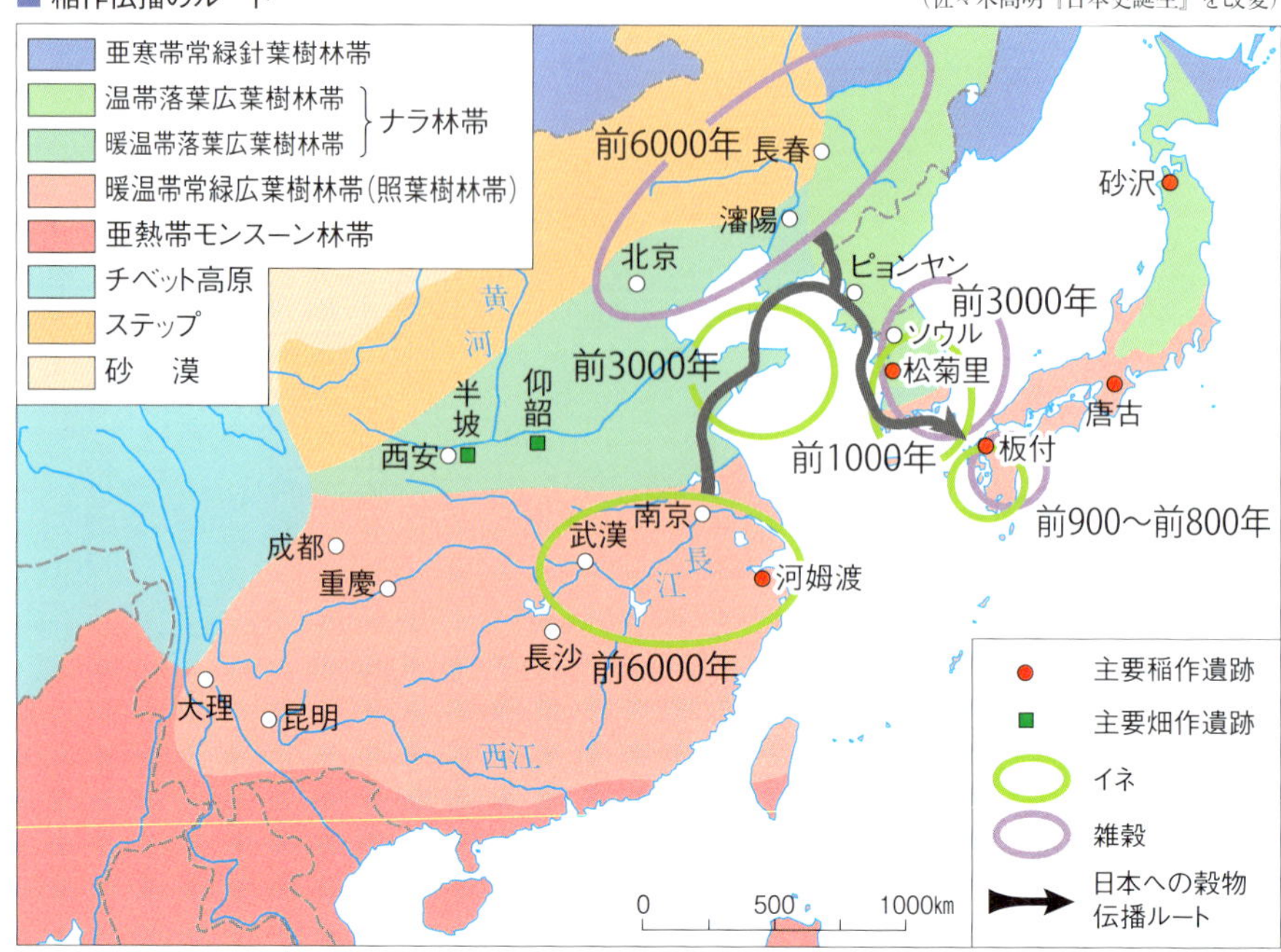

中国の長江流域で稲作が、東北地方で雑穀栽培がはじまり、日本列島へ長い時間をかけて伝わった。そのルートは南西諸島経由や東シナ海を突っ切るなど４つ考えられていたが、現在は遺跡・遺物などからほぼ１本にしぼられた。

るようになった。

キビのもっとも古い資料は、島根県出雲市三田谷Ｉ遺跡の縄文晩期終末の土器圧痕である。滋賀県近江八幡市竜ケ崎Ａ遺跡の縄文晩期終末、長原式という突帯文土器の内面には、キビの炭化種実がこびりついていた。

弥生早期の佐賀県菜畑*遺跡からは、水田稲作によると考えられるイネのほかにアワの炭化種子が検出された。この遺跡では水田雑草の種実とともに畠雑草の種実もみつかっている。さらに一時期遡って福岡県粕屋町江

やキビの種実や、それらの製粉具である磨盤、磨棒や石鏟という耕起具が出土しており、紀元前六〇〇〇年にさかのぼって雑穀栽培がおこなわれていたことが判明した。環濠集落も存在している。

＊突帯文土器　口縁あるいは口縁と胴部に細い粘土紐をめぐらし、その上を刻むこともある装飾をもつ土器。北部九州で水田稲作を始めた夜臼式土器は、突帯文土器の仲間。

＊菜畑遺跡　佐賀県唐津市に所在。水田のあぜや矢板・水路などが検出されたが、板付遺跡の水田より時期が若干遅れるとの見方がある。アズキ、シソ、メロンなどの畠作物のほか、サメ、エイ、マグロ、クロダイやノウサギ、イノシシ、ニホンジカなどの動物を捕獲しており、網羅的な生業という縄文文化的色彩が強い。

辻遺跡のアワの圧痕が縄文晩期後半の最古段階の突帯文土器から見つかり、それが縄文のもっとも古いアワの資料である。

イネのもっとも古い資料も、島根県板屋Ⅲ遺跡の縄文晩期終末の土器圧痕である。これらのことから、雑穀栽培は朝鮮半島から日本列島へ水田稲作とほぼ同時に複合的な農耕文化の一環として流入した可能性が高い。断片的に伝播して栽培されたのはさらにさかのぼる可能性はあるが、体系的な雑穀栽培はやはり弥生時代以降と考えたほうがよいだろう。

関東地方も同じで、およそ紀元前四〇〇年代の弥生前期後半にアワとキビがイネとともに流入し、栽培されるようになった。神奈川県中屋敷遺跡[*]は標高九〇～九七メートルの丘陵上の遺跡であり、二基の土坑からおよそ三〇〇粒の炭化米のほかにおよそ一〇〇〇粒のアワの炭化種実（重量から換算）と一六粒のキビの炭化種実がみつかった。

畠作は確実で、コメは水稲であるとしても付近の谷を利用した小規模な水田であり、大々的に開墾しておこなった灌漑水田ではない。

中部高地地方でも、縄文晩期終末～弥生前期の遺跡の土器に、アワやキビの圧痕がレプリカ法によって確認されている。縄文晩期直後の中部高地や関東地方は集落や集団の規模が小さかったので、灌漑水田と雑穀栽培という弥生文化が手に入れた

土器の表面についた稲籾の圧痕　土器は粘土をこねてつくるが、その際にさまざまなものが混じる。有機質のものは焼け焦げてスタンプとして残る。岡山県南溝手遺跡。

＊**中屋敷遺跡**　神奈川県足柄上郡大井町に所在。台地の上の土坑から炭化したイネとアワが大量に検出され、関東地方の弥生前期の栽培穀物がはじめて明らかになった。

■打製土掘具の大きさの変化

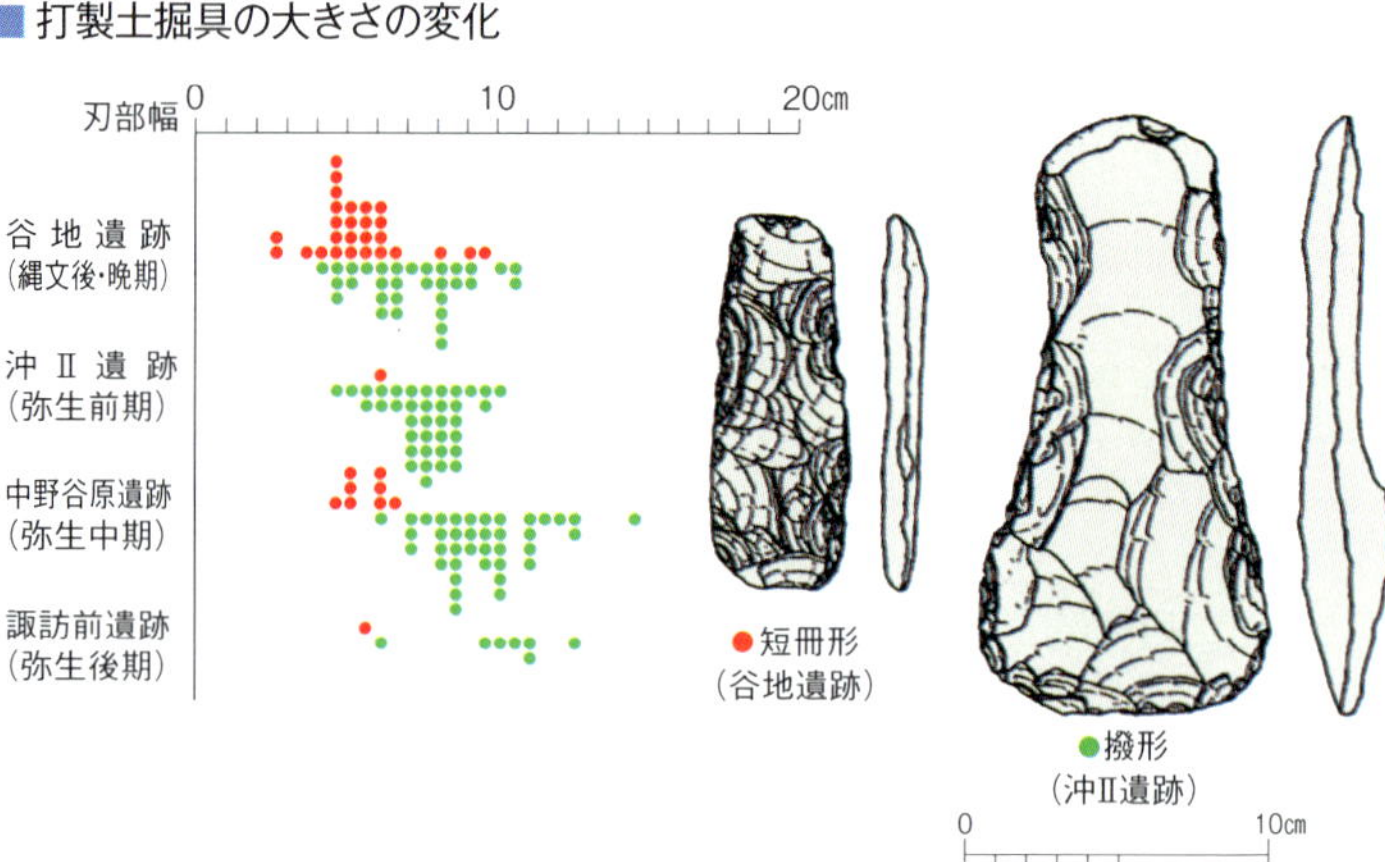

群馬県域では、弥生時代になると撥形の土掘具が数を増し、その大きさも徐々に大きくなっていく。穀物栽培の比重の高まりと比例しており、農具である可能性を高めている。

二種類の生業形態のうち、後者に比重を置いて新たな生活にのりだしたのだろう。

群馬県西部の段丘上の弥生中期の遺跡や、長野県*橋原遺跡など伊那谷から諏訪盆地の弥生後期の遺跡からは、大型の石鍬や貝殻状剥片による*横刃形の石器が出土する。これが畠作に用いられた耕作具と穂摘具であろう。これらはいずれも縄文時代の石器の系譜をひいている。

台地上の遺跡に多い石皿や磨石といった縄文文化の伝統的な生業の道具もさかんに用いられた。これらの伝統的な石器は九州の大野台地や大阪府*東山遺跡など、水田稲作を盛んにおこなう地域を間近にした地域にもみられる。このことは、弥生文化が灌漑設備を用いておこなう水田稲作一辺倒ではなく、地域や土地条件、あるいは伝統と適応によってさまざまに生業が展開した多様性をおびた文化であることを示している。

では、雑穀を育てた畠は見つかっているのだろうか。福岡県小郡市三沢蓬ケ浦遺跡で弥生

*橋原遺跡　長野県岡谷市に所在。何棟かの竪穴住居跡から炭化した穀物が出土した。炭化米がおよそ一六キロ、アワ約二千粒、マメ一三〇粒が出土した住居跡もある。

*横刃形石器　打製石斧を横にしたような形態の打製石器。台地や丘陵上の遺跡から大型の打製土掘具とともに見つかるので、農具と捉えられる場合がある。使用痕の分析から、イネ科の植物の切断に使ったときと同じ痕跡のあるものもある。

*東山遺跡　大阪府南河内郡河南町に所在。海抜九〇～一六〇メートルの丘陵上の集落で、敲石・磨石・石皿というドングリ類の加工に用いた石器が主な道具である。近隣の低地には喜志遺跡などの水田稲作をおもな生業とする農耕集落がある。

前期後半〜中期初頭の一〇列以上の畝からなる畠が検出された。ほかにも徳島市庄・蔵本遺跡や三重県松阪市筋違（すじかい）遺跡、静岡市手越向山（てごしむこうやま）遺跡などから、並列した畝（うね）からなる弥生前〜中期の畠跡が検出されている。

まだまだ例数は少なく畠ではないのではないかと異論のある例もあるが、炭化種実の検出と年代測定、レプリカ法による種実圧痕の調査とともに、これからも畠の検出を推進していく必要がある。

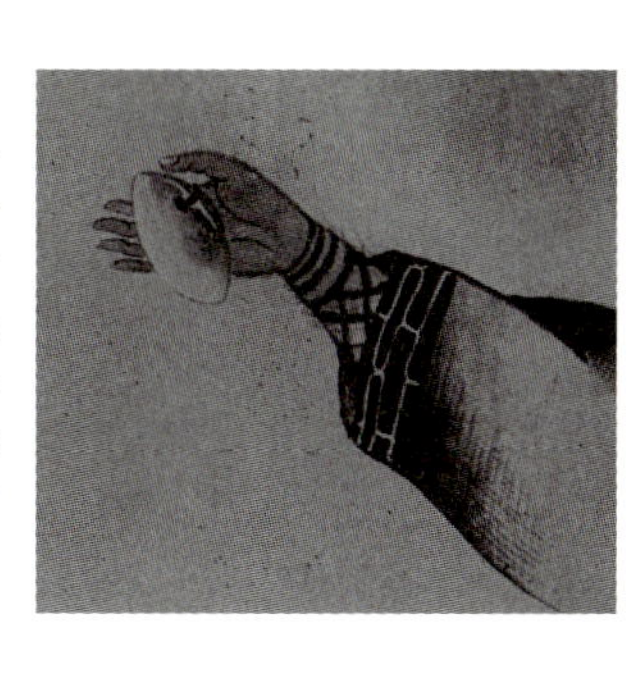

海蝕洞穴出土の貝包丁（上）とアイヌ民族の貝包丁の使い方　アイヌ民族は基本的に採集狩猟民で、ヒエなどの雑穀も育てた。手に持つのは川真珠貝製と思われる保摘具。弥生時代の海蝕洞穴から出土したアワビ製の貝包丁とよく似ている。

狩猟と漁撈はどうなったか

神奈川県三浦半島の先端には、いくつもの海蝕洞穴*がある。毘沙門洞穴や大浦山洞穴などが著名であり、弥生中期後半から後期に利用が活発化した。

洞穴から出土した遺物は、銛頭（もりがしら）・ヤス・骨鏃（こつぞく）などの漁撈具、甕形土器を中心とした炊飯道具、アワビに孔を開けた貝包丁などであり、卜骨*（ぼっこつ）という占いに用いた骨も出土している。

自然遺物では、サメやカツオなど遠洋の魚類の骨、イシダタミやアワビなどの

*海蝕洞穴　縄文海進の際に波に抉られてできた洞穴。雨崎洞穴では、およそ紀元前三世紀から利用が開始された。漁撈具としての各種の骨角器を取り揃えており、本格的な漁撈集団の性格を分析する手がかりになっている。

*卜骨　シカの肩甲骨やイノシシの骨などに焼け火箸をあて、ひびの入り方で吉凶を占う、その骨をいう。

簗状の遺構　溝の上流に堰を設けて水を滞留させ、下流の簗の間に入った魚を獲ったとされる。簗は魚が下ることを防ぐもので、木組とアシからなっている。愛知県朝日遺跡。

貝類、イノシシやニホンジカなどの陸獣の骨、ウミウなど鳥の骨が中心である。洞穴内では再葬[*]という、遺骨を再埋葬した墓も見つかっている。

海蝕洞穴は、籾の痕のついた土器やイネの穂摘みに使ったのではないかとされる貝包丁の存在などから、半農半漁の集落だという理解や農耕集落の漁撈基地だという説がある。

その一方、貝包丁は穂摘具ではなく、岩ノリなどを削ぎ落とした道具だという説や、洞穴内に大量に堆積した灰から推して土器を用いた製塩がおこなわれていたという考え、そして農耕集落とはまた違う葬法の埋葬もおこなわれていることから、たんなる出先の仕事場ではなく、農耕集落と一線を画した漁撈専門集団の住まいである、という説がある。

五キロほど内陸に入った三浦市赤坂遺跡は、同時代の集落である。竪穴住居跡と方形周溝墓という墓からなる農耕集落で、住居跡から漁撈具の骨角器が出土している。洞穴遺跡は、おそらく赤坂遺跡など内陸の農耕集落との間を行き来して、海産物を差し出すかわりに土器やコメなどを手に入れていた漁撈専業集団の住処とみたほうがよいだろう。

漁撈専業集団と農耕集落との依存関係は、福島県いわき周辺の薄磯貝塚と龍門寺遺跡[*]の関係、あるいは仙台湾の製塩や漁撈をおこなう貝塚と仙台平野の農耕集落群との関係にもみて

*再葬　遺体を骨にしてから再埋葬する葬法。民族学では複葬と呼ばれることが多い。再葬の意義は、祖先祭祀や通過儀礼など多様である。

*龍門寺遺跡　福島県いわき市に所在。籾痕土器が出土し、太型蛤刃石斧や石庖丁などの大陸系磨製石器もそろっており、この地域で本格的な水田稲作をはじめた遺跡である。

*カラカミ貝塚　壱岐島に所在。貝類はカキ、アワビ、サザエなど、獣骨はイノシシやシカのほかクジラ、アシカ、シャチやイルカが出土した。海獣の骨などでつくった銛頭を用いて漁撈をおこなった海人集団が残した貝塚である。

*燕形銛頭　側面が燕を横から見たような形をしている銛頭。獲物につきささって、銛頭が柄から離れると、体内で

とることができる。こうした漁撈専業集団は北部九州にもあり、長崎県壱岐のカラカミ貝塚*などでは燕形銛頭*を用いた遠洋漁業によってサメやカジキなど大型の魚類を仕留める本格的な漁撈活動をおこなっていた。その漁法は、縄文晩期に発達したもので、縄文文化の漁法の伝統を強く受け継いでいる。

しかし、弥生時代にはまた別の種類の漁法も生まれた。大阪平野や濃尾平野の低地に立地した農耕集落は、集落のまわりに濠をめぐらし、その付近に水路を引いて水田を経営した。愛知県朝日遺跡*では、環濠の底から簗*や簀が、大阪府東大阪市山賀遺跡などでは、タモ網*枠や筌*などが出土した。魚骨もウナギやコイ・フナなど淡水魚が主体をなす。貝類はタニシが多い。

これは、水田環境や集落の整備に伴い、水路や環濠が魚の産卵の場となり漁場となったことを示す。つまり、水田という新たな生業の場の開発によって淡水魚や淡水産の貝の生育環境が生み出され、そこで新たな漁撈活動がおこなわれるようになったのである。縄文時代の伝統を引いた漁法が「攻めの漁業」であるとすれば、これは高度な技術を必要とせず、農耕民でもおこなうことができる「待ち

イノシシに矢をつがえた狩人　矢が描かれていないが、佐原真さんは目にもとまらぬ速さで射ているとした。弓の下の方を握っているのは現在の和弓に通じ、「魏志倭人伝」にもその記述がある。伝香川県出土。

90度回転して抜けにくくなる。縄文後期の三陸沿岸から仙台湾で発明され、アメリカの太平洋沿岸にまで広まった。

*朝日遺跡　愛知県名古屋市・清州市に所在。濃尾地方を代表する弥生時代の環濠集落。外側に二重にめぐらした濠は、枝がついた木を逆茂木状に配置し厳重なバリケードにしている。一辺が三四メートルにおよぶ弥生中期の方形周溝墓は、日本最大。

*簗　川の水をせき止め、川底にすだれ状の敷物を敷いて魚を導き捕獲する施設。

*タモ網　大きな魚などをすくい上げるための把手のついた網。木枠に網を張ったもの。

*筌　筒状の魚とりの罠。いったん入ったら出られないような工夫がなされている。

の漁業」といえよう。

伝香川県出土の銅鐸に、イノシシに向かって弓矢を放つ狩人とそれを取り囲んだイヌを描いた絵画がある。縄文時代にはイヌが猟犬として活躍していたが、弥生時代にもイヌは猟犬としての役割を果たしていたことがわかる。ところが、カラカミ貝塚のように、弥生時代のイヌはバラバラな状態で出土する場合が多く、埋葬される例が多い縄文時代とは対象的である。弥生時代にはイヌを食料として利用するようになったのである。

おそらくその習慣は朝鮮半島から入ってきたものであり、弥生時代に異文化複合によってイヌの用途が多様になったといえよう。

かつて、弥生時代は食用の家畜がおらず、特殊な新石器文化だといわれていたが、農耕とともに動物飼育もおこなっていたことが判明した。イノシシの本格的な飼育が、弥生時代から始まり、それらは弥生ブタとされている。イノシシとブタの違いは、眉間（みけん）の側面段差がイノシシよりもきつく、歯槽膿漏（しそうのうろう）があることや、下顎骨の先端の開く角度がイノシシよりも大きいといった点にあるとされる。

弥生ブタの形質を調査した結果、縄文時代のイノシシがブタになったのではなく、朝鮮半島から持ち込まれた種類であったことがわかった。しかし、ＤＮＡ分析からイノシシといわゆる弥生ブタを区別することはできないという反論やそれに対する再反論もある。

朝日遺跡からはニワトリの骨が出土しているが、これも縄文時代にはなかった動物である。

レプリカ法による稲作の起源の追跡

歯医者さんにかかって治療を受けると、歯の型をとる。ガムのようなものを噛まされるが、特殊なシリコンである。それを使って稲作の起源を追跡する方法がある。

土器は粘土をこねてつくった焼きもの。粘土の中に偶然、そこらへんに落ちていた植物の種子などが混ざることがある。土器を焼いたときに焼け落ちるとくぼみとなって残る。そのくぼみにシリコンを注入して型（レプリカ）を取り、それを走査型電子顕微鏡で二〇～二〇〇倍ほどに拡大して種子圧痕の種類を同定する。

歯医者さんの使うシリコンは、こうした微妙な凹凸をものの見事に写し取るのである。この分析方法をレプリカ法と呼んでいる。同定には植物学者の協力がかかせない。

今ではこの方法を用いた分析が広がりをみせている。かつて、縄文後期～晩期前半の大分県ワクド石遺跡の土器に残っていた圧痕がイネ籾（もみ）であり、縄文時代にイネが栽培されていた証拠とされた。しかし、レプリカ法分析によって、ワクド石遺跡の圧痕はイネではないことが明らかにされた。

レプリカ法分析と厳密な同定作業によると、今のところ日本列島でもっとも古い確実なイネ籾圧痕の資料は島根県板屋Ⅲ遺跡の縄文晩期終末の土器であり、アワやキビもそれをさかのぼる確実な例はない。縄文時代に農耕があったか否か、あったとすればどのような内容だったのか、古くから議論されてきたが、こうした地道で実証的な研究によって成果があらわれつつある。

弥生人のいでたち

弥生人は何を着ていたか

弥生時代の織りの技術の特徴はなんだろうか。経糸（たて）と緯糸（よこ）を一本ずつ交互に用いて織った布を平織布というが、弥生時代の平織りには機織具（はたおりぐ）が用いられたことが、まずあげられる。

日本列島でもっとも古い機織具は、弥生早期の福岡県雀居（ささい）*遺跡から出土した緯打具（ぬきうちぐ）*である。大陸からの機織具の導入によって、これまでの編布（あんぎん）*では達成できなかった目の細かさと作業効率のよさが好まれ、機織具はまたたくまに日本列島に普及し、弥生中期後半には関東地方にまで広がった。

東北地方からは機織具はまだ見つかっていないが、弥生中期中葉の土器の底に平織布の圧痕があるところをみると、この時期に機織具が導入されたものと思わ

最古の緯打具と土製の紡錘車　上の２本は弥生早期の緯打具。福岡県雀居遺跡。左図は、紡錘を用いて糸をつむぐ女性（『信貴山縁起絵巻』より）

＊雀居遺跡　福岡市博多区に所在。弥生早期から営まれており、弥生文化の形成を考えるうえで重要な遺跡。いくつかの板を組み合わせてつくった案（あん）と呼ばれる机は全体像がわかる資料として貴重である。

＊緯打具　経糸の間に横糸を渡し、密着させるために打つようにして詰める機織具。

＊編布　一本の横糸に対して二本の竪糸をもじるように編んでいく俵（たわら）や簀（す）の子（こ）のような編み物。カラムシなどイラクサ科の繊維を糸にしているために布の目は粗い。

■復元された原始機　（布目順郎『倭人の絹』より）

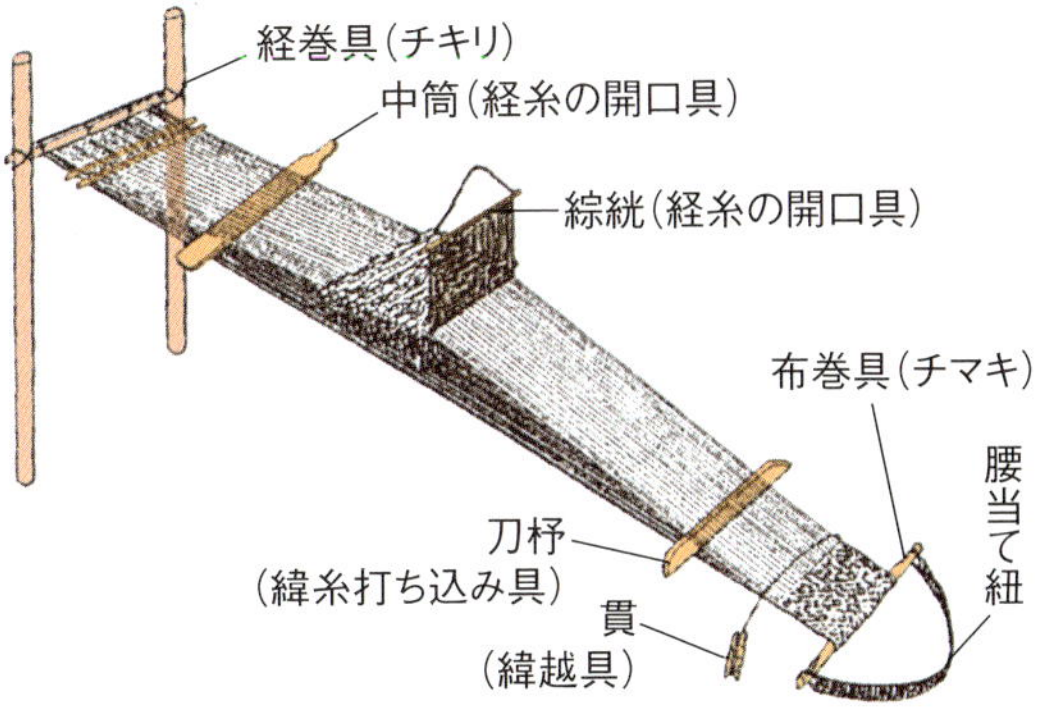

経巻具（チキリ）
中筒（経糸の開口具）
綜絖（経糸の開口具）
布巻具（チマキ）
腰当て紐
刀杼（緯糸打ち込み具）
貫（緯越具）

原始機は木や二本の縦杭に経巻具を固定させ、その反対端の布巻具を織り手の腰に巻いた紐で固定させた素朴な仕組みの機織り具。高機のように固定した土台がないのが特徴である。

れる。紡錘車＊の紡輪も粘土や石や角、骨などを用いてさかんにつくられ、東北地方をこえて北海道にまで分布した。

弥生時代の植物質繊維製品は、ほとんどがタイマ製で、あとはフジ・シナ・カジノキ（クワ科）・コウゾ（クワ科）などかイグサに似たものであり、山口県下関市綾羅木郷遺跡出土の壺の下部に苧麻（カラムシ）布が付着していた例がある。奈良県唐古・鍵遺跡から出土した五片の布はタイマを素材とし、二本併糸の諸撚り糸を用いている。

経緯糸の平均密度は一センチあたり二五・八×一六・二本と密であり、登呂遺跡のタイマ製布にも二八×一六本ときわめて密なものが含まれている。吉野ヶ里遺跡の麻布にいたっては三〇×二〇本と現代のハンカチやワイシャツの三五×三五本に匹敵する密度だという。

縄文時代以来の素材を機織具によって織るようになった結果、このように密な織物が製作できるようになった。

弥生前期に動物性繊維である絹による織物が加わった。福岡市有田遺跡の細形銅戈に付着していた絹織物がその証拠である。平織りの絹織物を平絹と呼ぶが、それは北部九州を中心

＊紡錘車　糸をつむぐ際に撚りをかけるための道具。中央に孔のあいた円盤状の紡輪と孔に刺して糸を巻き付けるための紡軸からなる。

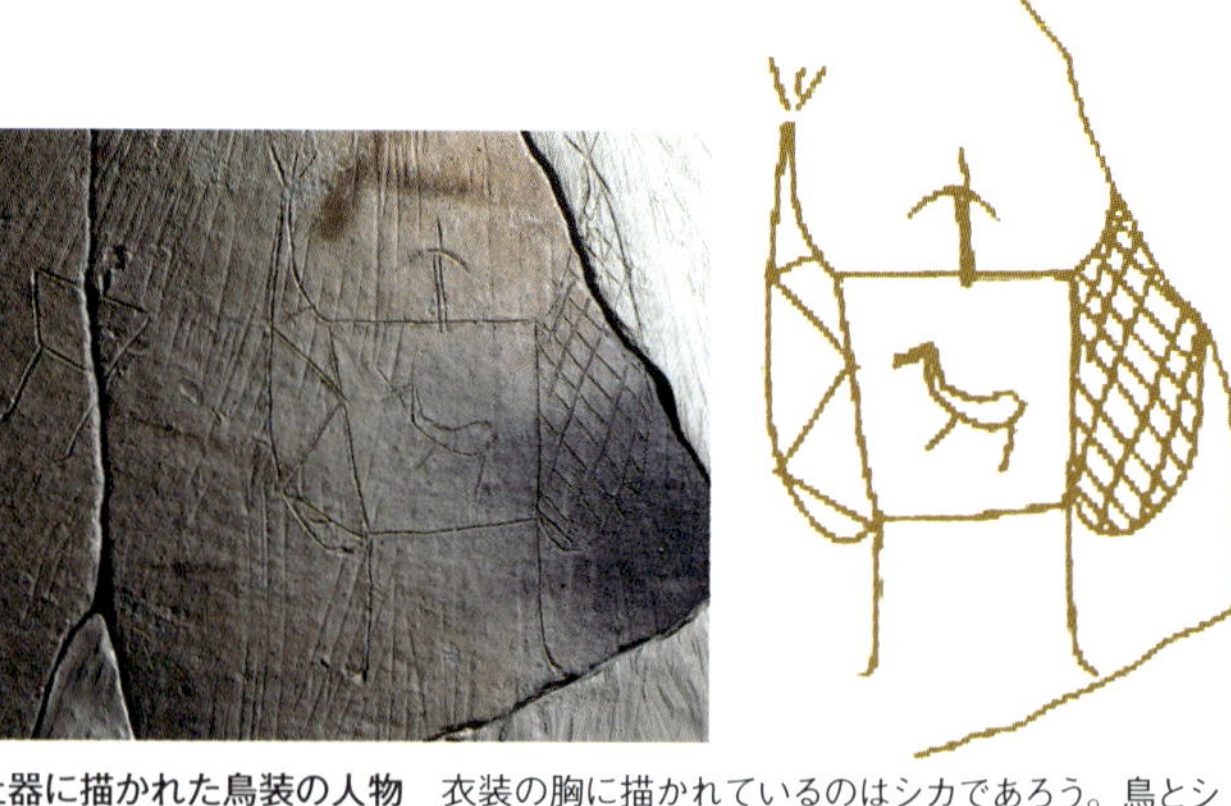

土器に描かれた鳥装の人物　衣装の胸に描かれているのはシカであろう。鳥とシカは弥生時代の農耕儀礼に欠くことのできない動物である。奈良県清水風遺跡。

に出土する。織りの密度や繊維の断面を分析して漢代の平絹と比較したところ、一センチあたりの経緯糸が、漢代の布は六〇〜七〇×三三本ほどであるのに対して、北部九州の布は目の細かいものでも四〇〜四五×二〇本ほどで、繊維の断面積に違いがあり、在地で製作されたことがたしかめられた。

佐賀県吉野ヶ里遺跡の花粉分析で、一帯にクワが栽培されていたことが判明しており、蚕の飼育を傍証する。また、絹糸の断面積の分析から、弥生前期に華中系の四眠蚕*が飼育され、弥生中期中葉に楽浪系の三眠蚕に変化したことが推測されている。いずれにしても、蚕と絹織物は弥生時代に大陸からもたらされ、定着した文化であった。

吉野ヶ里遺跡からは数多くの甕棺が出土しているが、人骨や副葬された青銅器に絹織物が付着した例がある。そのなかには布の端を折り返してまつり縫い*をおこなったのちに、経糸と緯糸の方向を違えた二枚の布を縫い合わせた布片があった。これなどは後世の衣服の身頃と筒袖の縫い合わせと同じ技術を用いたもので、当時、袖のついた衣服が用いられていたことを推測させる。

それが正しいとすれば、奈良県清水風遺跡*の袂の大きな羽人の絵画は、実際にそうした袖

*四眠蚕　蚕は数回脱皮したのちに糸をはいて繭をつくるが、脱皮の回数は三回、四回、五回などがあり、通常は四回でそれを四眠蚕という。

*まつり縫い　生地の裏から針を通して布の織り糸をすくい取るようにして縫っていく方法などによる、縫い目が表から目立たない裁縫。

*清水風遺跡　奈良県天理市に所在。唐古・鍵遺跡と並んで、弥生時代の絵画土器が多数出土する。

*日本茜　東アジアに産する多年生植物。根が赤褐色を呈しており、草木染に用いる。

を縫いつけた鳥装の衣装の存在を物語るものであろう。

また吉野ヶ里遺跡からは、経糸を日本茜（あかね）*で、緯糸を貝紫*で染織して織りあげた錦とみなし得る絹布も出土しており、これは中国で「紗穀（さこく）」と呼ばれた透かし目の布を髣髴（ほうふつ）させる。弥生中期中葉を境に現れるようになった高度な技術を用いた絹織物を着用したのはいずれも身分の高い人物であり、一般の人びとはほとんどがタイマ製の衣服を着用していた。

装身具とその役割

弥生時代の装身具を、頭の上から眺めていくことにしよう。まずかんざしであるが、滋賀県琵琶湖のほとり、米原市入江内湖遺跡からは一木づくりの木製の竪櫛（たてぐし）が出土している。縄文時代に多い結歯式（けつししき）ではなく横櫛でもない、縄文時代とのちの時代の中間的な性格をもつ。

管玉を縦横に連ねたヘアバンド状の頭飾りが、福岡県立岩（たていわ）*遺跡から出土している。つけていたのは女性と考えられており、非常に特殊な装身具であるところから、特別な役割を担った人物と考えられる。要所にはゴルフのボールを載せるティーに似た塞干状（さいかん）ガラス製品が付属していた。管玉のヘアバンドは、京都府京丹後市赤坂今井遺跡の墳丘墓の被葬者もつけていた。

愛知県安城市亀塚遺跡から出土した壺形土器（六二ページ）

彩色のある竪櫛　滋賀県服部遺跡。

＊貝紫　アカニシという巻貝の貝肉を煮詰めるとプルプラという分泌液が紫色になり、それで染めた色。

＊立岩遺跡　福岡県飯塚市に所在。堀田地区では四三基の甕棺墓が検出され、弥生中期後半の10号甕棺からは前漢鏡六面、銅矛一本、鉄剣一本が出土した。焼ノ正地区では付近の笠木山で産出する輝緑凝灰岩を用いた石包丁の生産がおこなわれていた。

管玉　兵庫県田能遺跡。

勾玉　獣形勾玉は縄文時代の伝統を引き継いでいる。現在一般的に使われている横櫛が登場するのは古墳時代とされる。佐賀県宇木汲田遺跡。

に描かれたリアルな人物の顔には、耳朶に紐のようなものがぶら下がり、管状の耳飾りをつけた絵がある。大阪府瓜生堂遺跡や鳥取県古浦遺跡では、人骨の耳のあたりから管玉が出土した。これらの事実からすると、縄文時代のような巨大な耳飾りと耳朶伸張の風習は弥生時代になくなったが、耳朶にあけた小さな孔にぶら下げた程度の耳飾りは存在していたとすべきだろう。

首飾りは実例がたくさんある。兵庫県尼崎市田能遺跡からは、木棺墓に管玉が四〇〇個も散らばっていた。副

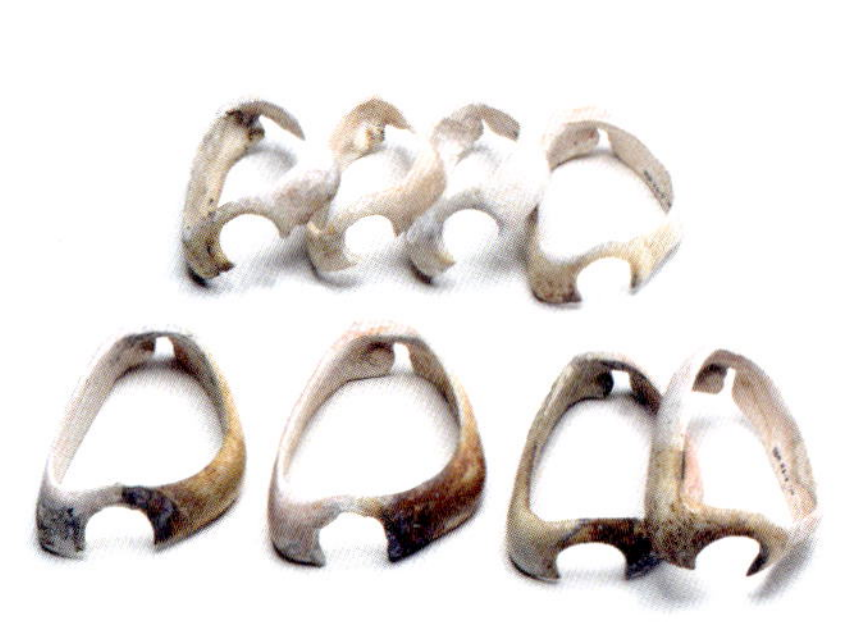

上：**イモガイ製の貝輪をつけた女性**　弥生時代には、男性が右腕にゴホウラ製の貝輪を、女性が左腕にイモガイ製の貝輪を身につけるのを原則とした。佐賀県花浦遺跡。
下・左：**ゴホウラ製貝輪**　福岡県金隈遺跡・諸岡遺跡。

葬品として納めた呪具ないし威信財かもしれない。福岡県吉武高木遺跡110号甕棺からは、勾玉一点と管玉七四点が出土した。多くは多数の管玉の中央に勾玉一点を加えて首飾りにしたと思われる。

縄文時代の勾玉は獣形勾玉などと呼ばれるように形が複雑で、管玉は側面が膨らんでいる。弥生時代になると勾玉はあっさりした9字状に、管玉は側面がストレートな管状に定型化した。管状の管玉は朝鮮半島からの影響である。佐賀県唐津市宇木汲田遺跡など北部九州の遺跡の勾玉は多くが新潟県域の姫川産のヒスイであり、碧玉も多用された。

腕輪もさまざまな種類がある。北部九州で流行したのは、貝製の腕輪である。それもゴホウラやイモガイといった奄美・沖縄地方など南海産の貝を用いてつくられた。

ゴホウラ製腕輪は男性が右腕に、イモガイ製腕輪は女性が左腕にはめることを原則としていた。なかには数十もはめた人骨が甕棺から出土する場合があり、重労働につかない将来を早くから約束された特別な人物と考えられている。

青銅製の腕輪も北部九州や近畿地方などでたくさん生産されるが、これは釧と呼ばれている。なかには有鉤銅釧と呼ばれるゴホウラを縦切りにしたものを模倣して一端に鉤をしつらえた腕輪もつくられた。南海産のカサガイという貝を模した、周囲にとげのある平たい青銅製の腕輪は三世紀の墳墓から出土しているが、すでに実用からははずれているようである。

縄文時代にはシカの角でつくった腰飾りを、おもに男性が装着した。これと同様な弥生時代の遺物が滋賀県入江内湖遺跡や奈良県唐古・鍵遺跡などから出土している。これは先端を尖らせ、武器に仕立てているようだ。彎曲した鉤状の形態に呪力を感じ取っていたのだろう。

＊宇木汲田遺跡　佐賀県唐津市に所在。一九六五～六六年には九州大学とパリ大学を中心とした発掘が催された。その際、当時縄文晩期終末とされた夜臼式土器の単純な地層から炭化米が出土して、稲作が縄文時代に遡る可能性が示された。甕棺が多数検出されたことでも知られる。

＊ゴホウラ　ソデボラ科の巻貝。日本列島では、奄美以南の南西諸島に生息する。殻高が20㎝ほどであり、殻口が大きい。弥生時代の腕輪として、とくに北部九州でさかんに用いられた。

＊イモガイ　里芋のような形のイモガイ科の巻貝。日本列島では南西諸島に主に生息するダイミョウイモやアンボンクロザメなどは殻高が10センチメートル近く大型であり、弥生時代の腕輪に用いられた。

このように弥生時代の装身具には身を飾るという目的もあったかもしれないが、むしろ権威の象徴、呪術的意味、男女を区別するシンボルといった象徴的な意味の方がつよくうかがえる。そうした性格は、古墳時代の首長の墓である古墳に納められる副葬品としての装身具に継承されていった。

イレズミと抜歯

「魏志倭人伝」は三世紀の倭の事情を記した書物だが、「男子は皆黥面文身（げいめんぶんしん）す」＊と、男子がみな顔や体にイレズミをしていた記述がある。愛知県亀塚遺跡から出土した同時代の壺形土器の腹にヒトの顔が大きく描かれており、その顔には額（ひたい）から頬（ほお）にかけて、たくさんの線が刻まれている。目や鼻・耳をしっかり描いているので、写実的な顔の絵だが、その他の線は通常の顔には見られないところから、絵具のようなもので描いた線かあるいはイレズミのいずれかとみなさざるをえない。「魏志倭人伝」の記述からすると黥面、すなわち顔のイレズミとみたいところだが、もう少しほかの資料にもあたってみよう。

時代は下るが五〜六世紀の古墳に並べられた人物埴輪の顔に、同じような線刻がみられる。馬曳（うまひ）きや力士、甲冑（かっちゅう）に身を固めた武人や盾（たて）を持つ番人などで、女性の埴輪に線刻は見られない。八世紀に編纂された書物『古事記』『日本書紀』には、「黥面」の記述がある。数か所に

イレズミの顔を描いた土器
しわだらけの老人を表現したのだという説もあるが、額の斜めの線の束など、しわではこのような線にはならないであろう。愛知県亀塚遺跡。

＊黥面　『古事記』『日本書紀』には合わせて六か所に「黥面」「文身」の記述がある。五世紀にはイレズミが身分の低い男性の習俗だったことを伝えている。

わたって出てくる黥面をしていた人の特徴をまとめると、①身分の高くない人びと、②馬飼や鳥養など、動物を扱う人びと、③戦士、④阿曇など海神をまつる隼人系の人びと、⑤男性に限る、といった傾向があり、顔に線刻のある人物埴輪の特徴とおおむね一致する。したがって、人物埴輪の顔の線刻は、イレズミの表現とみるのが妥当である。

亀塚遺跡の顔面線刻の類例は数多くあるが、それらに共通した特徴のひとつは、目の縁に噴水のような弧線が描かれていることである。大阪市長原古墳から出土した五世紀の黥面埴輪の目もとにも、同じような線刻がある。三世紀の顔面線刻が五世紀にまで引き継がれているのは確実といってよい。

したがって、三世紀の顔面線刻絵画も黥面を表現したもので、「魏志倭人伝」は倭人に実在した風俗を書いていたのである。その様式は縄文時代の土偶にさかのぼるので、縄文時代にも顔にイレズミをする風習があったのだろう。

三世紀の黥面絵画は高杯や装飾された壺などの土器や石棺の蓋、土偶といった特殊なものに描かれ、墓・井戸・集落や墓地を区画する溝など、結界から出土する。イレズミには邪を払う役割があり、結界儀礼にそれを描いた器物を用いたのだろう。「魏志倭人伝」によると、男子だけがイレズミしていた。古代史の吉田晶*は、イレズミは弥生人が成人になり戦士の仲間入りをした証しに刻まれたのではないか、と考えている。

弥生時代になると本格的な戦争がはじまったことを背景として、縄文時代に単なる通過儀礼であったイレズミが男子の戦士への加入

*吉田晶（一九二五～二〇一三） 日本古代史研究者。唯物史観にもとづき、日本古代の社会構成や村落史、国家成立などの問題を研究した。考古学に造詣が深く、優れた業績を数多く残した。

縄文時代の抜歯（上）と弥生時代の抜歯（下） 上の縄文系の抜歯は弥生時代ではとくに東日本で流行した。下の上顎の側切歯を抜く型式は大陸に由来するとされる。上：岩手県貝鳥貝塚、下：山口県土井ヶ浜遺跡。

儀式に性格を変えていったと推測することができる。

縄文時代には健康な歯を抜く抜歯（ばっし）儀礼が盛んにおこなわれた。最初の施行年齢などからすると、縄文時代の抜歯には成人式におこなう通過儀礼の役割があった。

弥生時代にも下顎の切歯（せっし）を四本抜く縄文時代と同じ抜き方の抜歯があるが、山口県土井ヶ浜遺跡などでは、縄文時代とは違い上顎側切歯を抜いている。これは中国にみられる抜き方で、土井ヶ浜遺跡の人骨が高身長で面長（おもなが）であるなど、大陸から渡来してきた人びとの形質をよく示していることとあわせて、抜歯方式も大陸から渡来した可能性が推測されている。

このように、弥生時代の通過儀礼*は縄文時代からの伝統的な側面をもつ一方、その社会を築いた人びとの由来や社会の性格を反映して、縄文時代の通過儀礼から大きくその性格を変化させている。そのことも、時代の流れのなかで見逃すことはできない。

＊通過儀礼　オランダの文化人類学者、ファン・フェネップによって体系づけられた儀礼の一様式。人がある段階から別のステージへと移行する際に、分離・過渡・統合という三つの段階とそれにともなう儀礼を経て移行が完了するとした。成人式もそのうちのひとつである。

弥生人のすまい

集落のなかの施設

弥生時代の集落は、どのような施設からなっているのだろうか。まず、すまいであるが、縄文時代に引き続き、竪穴(たてあな)住居が一般的であった。

しかし、地域と時期によっては、*掘立柱建物(ほったてばしら)が用いられ、なかには鳥取県米子市青木遺跡や岡山市百間川遺跡のように、掘立柱建物だけで構成される集落も存在している。掘立柱の建物には、高床(たかゆか)倉庫や巨大な宗教的施設とみられるものもある。貯蔵施設としては、高床倉庫のほかに地面を掘りくぼめた穴蔵である土坑(どこう)も用いられた。集落の一角には井戸が設けられる場合があった。

*都出比呂志は、従来の竪穴住居の復元だと屋根が地面に葺(ふ)き下(お)ろされて住居の壁際が低く、腰を

■ 登呂遺跡の住居復元

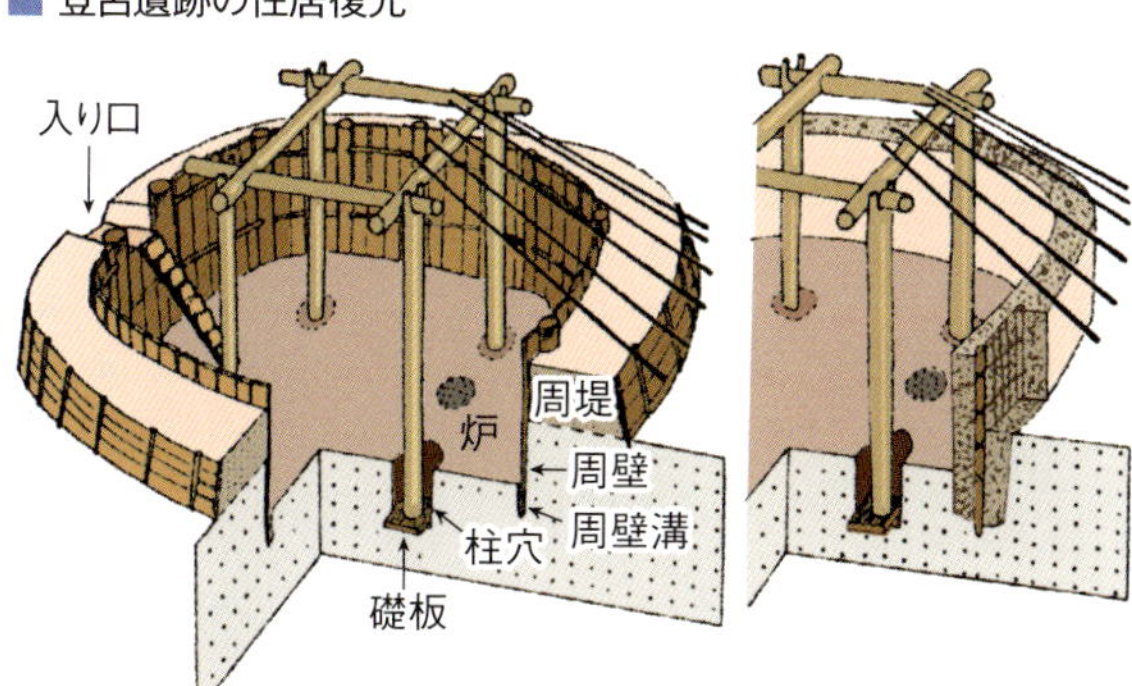

周堤の内側を保護する板が長いため天井までの高さが意外と高く、腰をかがめずのびのびとした暮らしが再現されている。

＊掘立柱建物　地面に直接掘った穴に柱を立て、建物としたもの。縄文前期の長野県阿久(あきゅう)遺跡などの発掘調査によって、縄文時代にも普通に存在していることが分かった。

＊都出比呂志（一九四二〜）弥生・古墳時代の研究者。弥生時代に関しては史的唯物論を基盤として、それを土器や住居跡・集落など具体的な分析によって批判的にとらえつつ、日本列島における農耕社会の成立過程を描いた。古墳時代は、その政治的関係を前方後円墳体制として論じ、これを初期国家段階ととらえて大きな議論を呼んだ。王陵の世界史的比較研究も試み、それを含めた親しみやすい著作も多数ある。

周堤のある竪穴住居と壁に立てかけられた梯子　竪穴住居のまわりに白い線で示されたのは、住居を築いたときに出た土を盛り上げてつくった周堤である。壁には出入りのための梯子が立てかけられていた。大阪府八尾南遺跡。

曲げて起居しないとならないとして、貧しいイメージをどうしてもぬぐいきれないことを問題にした。注目したのは奈良県天理市東大寺山古墳出土環頭太刀の柄頭のデザインとして表現された家にみられる周堤状の表現と、静岡市登呂遺跡の竪穴住居の構造である。

　登呂遺跡の竪穴住居は竪穴を掘ったときに出た土を周囲に盛り上げた周堤帯をもつが、内部に向かって倒れた床面上の板は、壁に沿って打ち込んだ周堤の土留め用の板壁素材であると推定した。この板は一・二メートルもあることからすれば、かなりの深さの空間が周堤帯の内部に確保され、腰をかがめて…という光景は払拭される。

　八尾南遺跡は、大阪府八尾市の羽曳野丘陵北に広がる沖積低地に立地した、弥生後期の集落遺跡である。この遺跡は、洪水堆積物によってパックされた状態で埋もれていたため、竪穴住居跡も廃絶されたときの様子をよく残している。平面は一辺がおよそ七メートルの隅丸方形をなす。

まず目につくのは、竪穴のまわりに周堤がよく残っていたことである。周堤の幅は広い所で約二メートル、高さ〇・四メートルほどである。床面の周りには水はけをよくするために周溝が掘られている。壁は樹皮を細く裂いたものを縦横に編んだ網代で覆われており、それは連続して周溝にもかぶせられていた。住居の床面から周堤の高い所までおよそ一メートルある。昇り降りするための梯子が、壁のコーナーに立てかけられていた。都出の復元案が実証されたのである。

掘立柱建物は、地面に穿たれた柱穴から推測される壁立ちの建物であるが、まれに掘立柱建物をかたどった土器があり、そこから全体像を思い浮かべることができる。静岡県浜松市鳥居松遺跡から出土した弥生後期の家形土器は、*切妻の屋根と柱が表現されており、柱の数からすれば*桁行が五間、*梁間が二間の建物となる。岡山県倉敷市女男岩遺跡の家形土器は*寄棟の屋根がつき、桁の側に入口が設けられた平入りの建物である。

弥生時代の大型環濠集落には、梁のラインから外に飛び出して棟木を支える柱をもった、独立棟持柱をもつ掘立柱建物が立

家がついた器台形の土器　当時の家の構造を知ることができる。右：岡山県女男岩遺跡、左：静岡県鳥居松遺跡。

*切妻　屋根の建築工法のひとつ。本を開いたような形で、背にあたる部分を棟と言い、棟から両斜面に垂木をふき下ろして屋根の基礎とした。

*桁行　棟に平行する建築材、桁の長さ。

*梁間　棟と直角の建築材、梁の長さ。

*寄棟　屋根の建築工法のひとつ。傾斜をもった屋根面を四方向に組み合わせたもの。寄棟の上に切妻を載せた工法が入母屋。

井戸枠と、土器に描かれた龍を操る人物
井戸枠のそばから龍を描いた土器や小型の銅鐸が出土しており、水の祭りがおこなわれていたことがわかる。岡山県下市瀬遺跡。

つ場合がある。のちに述べるように、なんらかの祭祀施設と考えられている。

掘立柱建物は縄文時代にもあるが、弥生時代には高床の掘立柱建物が倉庫として重要な役割をもった。高い位置に張った床に梯子によって上り下りして貯蔵したものは、湿気を嫌う稲などの穀物を中心としていたであろう。

登呂遺跡に立っている高床倉庫は切妻の屋根だが、それは伝香川県出土の銅鐸に描かれた高床建物をもとに再現された。

井戸は縄文時代になかった弥生時代特有の集落施設であり、弥生前期から認められる。集落の特定の箇所に群集する場合が多く、集団の管理による施設であった。一木による刳り抜き式の井戸のほかに、例は少ないが福岡県比恵遺跡や岡山県真庭市下市瀬遺跡では板を井桁に組んだ組合せ式の井戸も検出されている。

下市瀬遺跡や大阪府池上曽根遺跡*では、井戸の中から龍を描いた土器が出土している。龍は中国から伝わった説話上の動物で、中国では雨乞いの役割を

＊池上曽根遺跡　大阪府和泉市・泉大津市に所在。弥生前期〜後期にわたって環濠が営まれ、もっとも面積が広くなった中期後半には二五ヘクタールに及んだ。和泉平野のなかでもっとも大きな弥生時代の集落である。鳥形木製品やタコツボなど遺物も豊富である。石包丁の生産もおこなっていた。

演じていたのであり、水田稲作の普及と関係するのであろう。縄文時代とは異なる水に対する思いが生み出した呪術の存在を物語っている。

集落の諸形態

岡山県津山市沼遺跡の発掘調査は、弥生時代の小規模な集落の姿を明らかにした。静岡市登呂遺跡の発掘調査によっても、それは確認されている。これらの小規模な集落は数棟の竪穴住居に、二〜三の高床倉庫がともなうのが一般的であり、これを単位集団と呼んでいる。

個々の竪穴住居に炉(ろ)があり、日常生活に用いた複数の土器のセットをともなう場合が多いことから、竪穴住居は日常生活の基盤となる消費生活の単位であることを重視して、単

■ 近畿地方の環濠集落の規模

(桑原久男「近畿地方における初期農耕集落の規模と立地」『初期農耕活動と近畿の弥生社会』より)

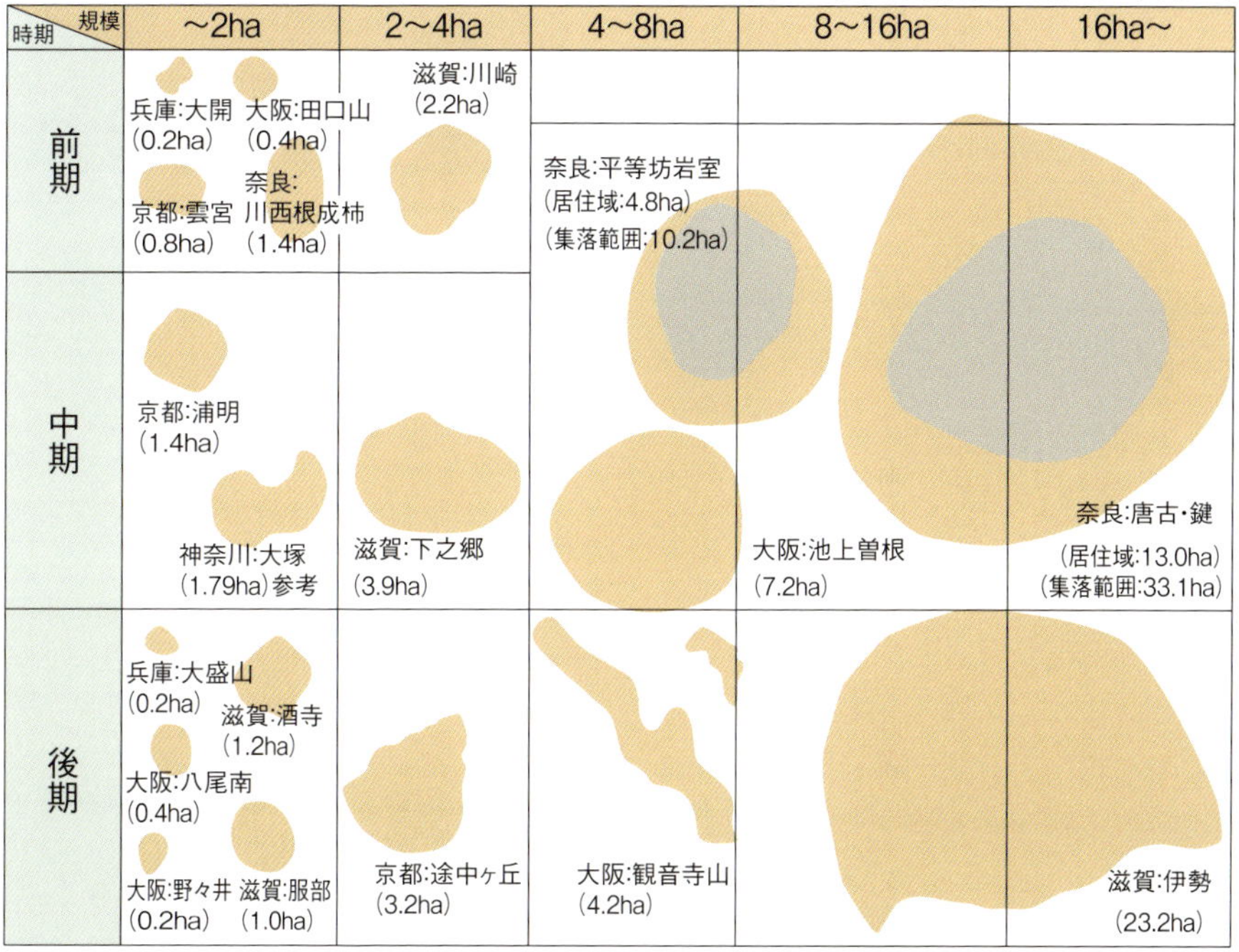

時期＼規模	～2ha	2～4ha	4～8ha	8～16ha	16ha～
前期	兵庫:大開(0.2ha) 大阪:田口山(0.4ha) 京都:雲宮(0.8ha) 奈良:川西根成柿(1.4ha)	滋賀:川崎(2.2ha)	奈良:平等坊岩室(居住域:4.8ha)(集落範囲:10.2ha)		
中期	京都:浦明(1.4ha) 神奈川:大塚(1.79ha)参考	滋賀:下之郷(3.9ha)		大阪:池上曽根(7.2ha)	奈良:唐古・鍵(居住域:13.0ha)(集落範囲:33.1ha)
後期	兵庫:大盛山(0.2ha) 滋賀:酒寺(1.2ha) 大阪:八尾南(0.4ha) 大阪:野々井(0.2ha) 滋賀:服部(1.0ha)	京都:途中ヶ丘(3.2ha)	大阪:観音寺山(4.2ha)		滋賀:伊勢(23.2ha)

弥生時代の環濠集落は中期以降に大型化が進んだ。また、小さい集落と大型集落の格差が大きいこともうかがえる。

環濠集落　竪穴住居群を溝ですきまなく囲む。溝で囲んだ中に墓はなく、居住域と墓域をはっきりと分ける思想が読み取れる。神奈川県大塚・歳勝土遺跡。

位集団を具体的に世帯共同体と呼ぶ場合もある。

この基本単位がいくつか集まって、規模の大きな集団（集落・ムラ）を形成する場合が多い。都出比呂志は集落における施設の組み合わせと規模の違いから、

①紅茸山（べにたけやま）タイプ—四棟ほどの竪穴住居と一棟の高床倉庫からなる集落、

②大塚タイプ—二〇〜三〇棟ほどの竪穴住居と一〜二棟の高床倉庫からなる集落、

③池上タイプ—複数の竪穴住居群、数棟の平地式住居群、高床倉庫群や井戸からなる集落

という類型化をおこなった。とくに③は西日本の弥生時代大型集落の典型である。

②と③の集落は濠によって囲まれる場合も多く、これを環濠集落と呼んでいる。このなかには濠で囲まれた範囲が奈良県唐古・鍵遺跡のように三〇ヘクタール以上、あるいは佐賀県吉野ヶ里遺跡のように六〇ヘクタールに及ぶ巨大な集落も存在している。

これら大規模な拠点的集落は、居住の単位でありながら規模の点などにおいていわゆる単位集団との乖離（かいり）が著しいことから、基礎集団という別の概念で把握する立場もある。ただし、池上タイプもそうであるが、大規模集落も単位集団の集合によって構成されている。問題は

＊半坡遺跡　西安市に所在。およそ五〇〇〇年前にさかのぼる。面積はおよそ五万平方メートル。五分の一が発掘され、五〇棟ほどの住居、

集合の理由だが、灌漑農耕などの共同作業、あるいは有事にそなえて結集した可能性が考えられる。

しかし、それだけでは巨大な集落の成り立ちを説明できない。近畿地方などで弥生中期後半に肥大化する集落は、石器や木器製作、玉造や青銅器生産など、複数の産業を抱えている場合が多い。それらの原料は、よその地域や場合によっては遠方から取り寄せる必要があった。このような生産と物流の結節点となるべく複数の集団が結集し、ネットワークの中核的な存在となったのが、この時期の拠点的な集落であるという見方が注目されている。

環濠集落は縄文時代にはほとんどなかった集落類型であり、中国西安の半坡（*はんぱ）遺跡や姜寨（*きょうさい）遺跡など、紀元前五〇〇〇年にさかのぼる新石器時代に生まれ、朝鮮半島の青銅器時代である紀元前八~前七世紀ころに北部九州に伝わった。濠で居住域と墓域を分ける集落デザインも大陸由来である。環濠集落は福岡県那珂（*なか）遺跡など、水田稲作の導入とほぼ同時期の弥生早期にすでにみることができる。

那珂遺跡の環濠は二重にめぐっており、成立当初から厳重な備えがうかがえる。農耕文化が発展していた中国・朝鮮半島では戦争が活発化しており、西日本の環濠も戦争に備えたものとして導入されたのであろう。ただし、関東地方の環濠集落からは武器らしきものがあまり出土しないので、環濠のすべてを防御の役割に還元することに疑問も提示されている。新たな土地に集落を切り開くとき、実際に敵はいないかもしれないがまず環濠を掘って万全を期すという、集落設計の作法のようなものが存在していたとの見方も成り立つ。

秋田県地蔵田（*じぞうでん）遺跡は柵列（さくれつ）で囲まれた弥生前期~中期の集落である。柵列は環濠集落の囲郭（いかく）

二五〇基ほどの墓などが調査され、彩陶や鋤、鏃、穀物や家畜動物の骨などが出土した。

*姜寨遺跡　中華人民共和国臨潼県姜寨村に所在。およそ二〇〇×一五〇メートルの範囲に楕円形の環濠がめぐらされ、その中におよそ一二〇棟の住居跡が発掘された。

*那珂遺跡　福岡市博多区に所在。東西、南北とも一五〇メートルほどの範囲を二重の濠で囲む。外濠は断面が幅約五メートル、深さ約二メートルのV字形、内濠は幅約二メートル、深さ約一メートルの逆台形。日本列島でもっとも古い弥生時代の環濠集落。

*地蔵田遺跡　秋田市に所在。竪穴住居跡が数棟、杭を打った溝で囲まれており、柵列の外側に土坑や埋設土器などの墓域が広がる。

V字形に掘られた環濠　底に行くにしたがって幅が狭くなり、落ちれば容易に上がれないようになっている。佐賀県吉野ヶ里遺跡。

の機能の一類型と理解したいところだが、東北地方の縄文晩期にはすでに柵列をめぐらす集落があるので、単純に環濠集落の伝播類型ということはできない。

ただし、居住域と墓域を柵列で区分するなど、集落の設計デザインに環濠集落との関係を推察することはできる。

高地性集落も、環濠集落と並んで弥生時代に特徴的な集落形態である。通常、低地との比高差が四〇メートル以上の集落を指して高地性集落と呼ぶことが多い。

大阪府古曽部・芝谷遺跡*など環濠をめぐらした高地性集落や、香川県紫雲出山（しうでやま）遺跡*など多量の大型石鏃が出土する高地性集落に防御的な性格があることが指摘され、弥生中期後半から後期にかけて、瀬戸内沿岸や大阪湾岸で高地性集落は多発することから、「魏志倭人伝」に記された「倭国乱」と結び付けられたこともあった。

しかし、弥生中期後半〜後期を二世紀後半の倭国乱と直接結びつけるのはおかしいと早くから指摘されていたし、遺構や遺物が低地の遺跡と変わらない遺跡も存在していることから、

*古曽部・芝谷遺跡　大阪府高槻市に所在。標高八〇〜一〇〇メートルの丘陵上に立地し、幅およそ五メートルの環濠で東西六〇〇メートル、南北五〇〇メートルの範囲を囲む。環濠のなかには八〇棟以上の竪穴建物跡が検出された。鉄鏃も出土しており、防御集落とされている。

*紫雲出山遺跡　香川県三豊市に所在。標高三五二メートルの丘陵頂部に立地する。石鏃が三四一点と多数検出され、大半が長さ三センチ以上、重さ二グラム以上で、縄文時代の石鏃よりも大きく重いことから戦争の証拠と考えられた。

高地性集落すべてに防御の機能を与えることに疑問が提起されている。高地性集落の性格は、これからの研究課題である。

縄文集落から弥生集落へ――関東地方の場合

低地で水田稲作をおこなう農耕集落は、どのようにして成立したのだろうか。ここでは、関東地方に焦点をあててみたい。

神奈川県中里遺跡*は、それを考えるうえで欠くことのできない集落遺跡である。調査面積はおよそ三万平方メートルで、発掘された竪穴住居跡は総数一〇〇棟ほどである。それらはいずれも弥生中期中葉、紀元前三～前二世紀ころのものである。全部が一時に立っていたものではなかろうが、未発掘部分も考えれば数十棟からなる集落だったことはたしかである。南関東地方でこれまで発掘された同時期の集落は、

■ 中里遺跡の居住域

いくつかの居住集団が集まって大きなムラを構成した。結集の理由のひとつは、灌漑水田稲作の作業要員確保であろう。神奈川県中里遺跡。

＊中里遺跡　神奈川県小田原市に所在。沖積低地の埋没河川付近から竪穴住居跡が一〇〇棟あまり検出された。方形周溝墓も付近から見つかり、水田跡の存在も推定されている。弥生中期中葉に南関東地方にはじめて現れた大型の農耕集落である。

最大のものでも竪穴住居跡十数棟程度だったので、いかに大きな集落かわかるだろう。

住居群の内側には独立棟持柱をもつ大型掘立柱建物跡も中央に二棟発見された。生活に必要な井戸も数箇所に群集していた。集落を囲む環濠は見当たらないが、河川がその役割を果していたのだろう。居住域からはなれて南東には方形周溝墓群があり、総数四六基調査されている。また、その中間地点には杭列（くいれつ）があり、水田が展開していたとされている。

出土遺物には鍬（くわ）などの木製の農具が認められ、それをつくるための太型蛤刃石斧（はまぐりばせきふ）・扁平片刃石斧・抉入（えぐりいり）石斧など大陸系磨製石器がセットで出土し、その製作跡も見つかった。炭化米も出土した。こうした施設や遺物はこの集落が水田稲作を積極的におこなった農耕集落であることを如実に物語っている。

それはおそらく灌漑農耕だったろう。墓の形態、居住域と水田や墓のレイアウトなどは、東海地方から西の弥生集落に通有のものである。したがって、中里集落は在来の人だけによって形成されたものではなく、何か特別なそれも東海地方以西という稲作先進地帯からの働きかけがあったことを予測させる。播磨地方あたりからもたらされた土器も五パーセントほど含まれていた。

大半を在地の土器が占めていることからすれば、指導的立場の人びとが少数でもこのような集落は形成できたのだろう。しかし、中里集落が成立する前には、神奈川県中屋敷遺跡など土坑が環状に並ぶような小集落が近隣の台地上に点在しているにすぎない。これら台地上の、あるいはすでに低地に降りていた小集落がいくつか結集して出来上がったのが、中里集落である。一〇〇棟あまりの竪穴住居は漫然と分布しておらず、一〇棟程の単位がいくつか群集している。その単位を子細にみると、環状に配列されているもののあることがわかる。環状集落は、縄文時代をつうじて一般的な集落形態であった。

このように、大型の農耕集落は弥生中期中葉に縄文文化の系譜を引いた小集団がいくつか集合することによって形成された。結集のきっかけのひとつが、人手のいる灌漑をともなう水田稲作経営にあったことは疑いない。弥生前期の中屋敷遺跡から土偶形容器が出土しているが、それは中里遺跡からも出土しており、結集の原点である精神的なシンボルはそれ以前の文化を引き継いでいた可能性が高い。

南関東地方の一角という限られた地域であるが、中里遺跡とその周辺地域は、縄文時代の人びとが文化を保持しつつ先進的な文化をたずさえた人びととともに新しい集落をつくりだしていったひとつのモデルケースといってよい。

弥生都市論をめぐって

弥生時代の集落というと、どのようなイメージが浮かぶだろうか。静岡市登呂遺跡に行ったことのある方は、一〇棟ほどの竪穴住居と何棟かの高床倉庫からなり、付近に水田をつくって暮らす、牧歌的な農村のイメージを抱くだろう。その一方で、弥生時代にも都市

独立棟持柱建物　史跡の一角に再現された巨大な建物。正面に屋根のついた井戸も再現されている。大阪府池上曽根遺跡。

的な集落あるいは都市そのものがあった、という主張があるが、批判もある。まずは、その火付け役になった大阪府池上曽根遺跡の発掘調査によって生まれた弥生都市論の根拠に耳を傾けよう。

この遺跡は環濠に囲まれた範囲が最大で二五ヘクタールの規模を誇る環濠集落で、そこに居住した人口は五〇〇人とも一〇〇〇人ともいわれる。

遺跡の中央付近で発掘された大型掘立柱建物跡は、東西一〇間（一九・二メートル）、南北一間（六・九メートル）で、両方の妻側から約一メートル外側に独立棟持柱をもつ巨大な高床建築の特殊建物であった。建物の正面には直径二メートル以上のクスノキを刳り抜いた井戸が設けられている。独立棟持柱の構造がのちの神社建築である*神明造(しんめいづくり)という様式に類似することから、この建物には神殿の役割が想定されている。そうした建物の付近に整然と配置されたとされる石器集積や*タコ壺埋納坑には、祭祀的性格が想定された。

集落中心部南側で見つかった焼土遺構群は金属器の製作工房で、大規模な冶金(やきん)の操業が推測できるという。そこで生産された金属器は、交易にも利用された。環濠の一角には、交易のための市場が予測され、さらに隣接した場所に首長居宅が想定されるとともに、計画的な街区が整備されていたと考えられている。

*金関恕によれば、イスラエルやエジプト考古学では都市の要件として、

①ある程度の広さと人口の集中、
②農業共同体からの分離、
③社会的分業と階層性の存在、

＊神明造　伊勢神宮に代表される社殿の建築様式で、掘立柱に切妻の屋根で棟と平行する側に入り口をもつ平入りを特徴とする。棟持柱をもつのも特徴であり、弥生時代の独立棟持柱の構造と似る。

＊タコ壺　狭い空間に入るタコの習性を利用して、海底に沈めたタコ漁の罠の器。明石のイイダコ漁の器がその典型。弥生時代の大阪湾岸の遺跡から同様の器形の土器が出土しており、タコ壺とされている。

＊金関恕（一九二七～二〇一八）　鳥形木製品や木偶などの呪術的遺物について、宗教史、宗教考古学的な幅広い見地から考察を加えている。東アジア的な視点から弥生文化を論じた業績も数多く、イスラエルの考古学にも造詣が深い。

④街区の整備、
⑤行政・宗教の中心として王宮・神殿をもつ、
⑤手工業や商店の集中、
⑥市場、
⑦役所・倉庫のような公共の建物、
⑧防御施設

などがあげられるという。池上曽根遺跡はこの要件の多くを備えているとされ、こうした弥生時代の拠点的環濠集落を「弥生環濠都市」と呼ぶ意見もある。

この説に対する批判は次のとおりである。この遺跡は、発掘調査された面積はわずかであり、居住区はまだよくわかっていない部分が多く、人口推定をおこなうのは危険である。大型掘立柱建物を正殿として、コの字形の建物配置を想定する意見もあるが、調査の結果そこに建物はなかった。付近に想定された方形区画の首長居宅も定かではない。その周辺に配されたとされる金属生産工房も明らかでなく、したがってそれが交易に大きな位置を占めていたとまではいえないという。

大型掘立柱建物が神殿であるという解釈には、異論が続出した。祭祀的性格を与えられた石器集積坑やタコ壺埋納坑も、都市性を強調するために加えられた解釈の側面が強いようだ。このように、池上曽根遺跡を都市という議論の俎上（そじょう）にのせるには、あまりにも未解明部分が多すぎる。

たしかに、北部九州や近畿地方の弥生中期の拠点的集落には、池上曽根遺跡と同様、都市化に類する動きは断片的ながらいたるところに認められる。なかには環濠などの防御機能を含む都市的要件の多くを備えた福岡県須玖遺跡群、佐賀県吉野ヶ里遺跡など、巨大な集落も形成された。

弥生中期後半から後期には、兵庫県加茂遺跡*あるいは滋賀県伊勢遺跡*のように、環濠集落のなかに方形の区画など特殊な場が設けられ、そこに独立棟持柱建物などが建てられ、政治的、宗教的な中心が集落のなかに顕在化していった。かつての弥生集落の牧歌的農村という固定的なイメージが大きく揺らいでいることは認めてよい。

しかし、弥生環濠集落は原都市であっても、古代都市に成長することはなかった。その要因のひとつとして、首長の階級的な成長度が未熟であったことがあげられる。近畿地方における弥生中期の首長の墓は大きくつくられてはいるが、副葬品の量と質はほかから隔絶したものではなく、家族墓の形態をとって共同体成員の墓の中に埋没している。支配機構のトップとしての階級的な成長はおろか、身分序列としての階層化が北部九州に比して未熟なままである、といわざるをえないからである。

第一章で見てきたように、やはり日本列島における古代都市形成への動きが顕著になるのは、纏向遺跡のような階層化の頂点に君臨する巨大な墳丘墓をもち、農村との差異が大きな集落の出現を待たなくてはならない。

＊加茂遺跡　兵庫県川西市に所在。環濠は三重で、外濠の存在も推測されている。環濠のほぼ中央には大型の掘立柱建物が検出されている。周囲を板塀で囲んでいたらしい。

＊伊勢遺跡　滋賀県守山市に所在。直径二〇〇メートルほどの範囲に独立棟持柱をもつ掘立柱建物が数棟環状にめぐり、中央の四角く区画された範囲に掘立柱建物数棟が立つ。外側にめぐる掘立柱建物のわきには一辺が一三メートルにおよぶ巨大な竪穴建物跡も検出された。特殊な集落として、その性格の解明が課題とされている。

第三章　墓と祭祀

埋葬とまつり

多様な墓のあり方

一般的に、葬法は大きく二つの形態に分けられる。ひとつは、遺体を死後そのまま埋葬する方法で、もうひとつはいったん骨にした遺体を埋葬する方法である。前者は単葬、後者は再葬と呼んでいる。後述のように、再葬は弥生時代の初期に南東北地方~中部地方に普及し、響灘（ひびきなだ）の石棺墓*に散見される以外、弥生時代の葬法としては単葬が普通である。

弥生時代の木棺墓はまず北部九州に出現するが、中国の戦国~漢代あるいは朝鮮半島の影響が及んで成立したという意見が早くからあった。弥生時代の木棺墓は、側板・小口板・底板からなるが、その組み合わせ方法には地域差があり、ある遺跡や地域のなかで異なる型式の木棺墓が用いられている場合がある。

弥生再葬墓　蔵骨器の壺がいくつかかたまって埋められていた。もともと立っていた壺は横転している。顔のついた壺は、祖先の像ではないかとされている。茨城県泉坂下遺跡。

＊石棺墓　石を組み合わせた墓。箱式石棺墓などがその代表である。弥生時代の石棺墓は東北アジアで生まれたものが朝鮮半島を経てもたらされ、北部九州から響灘沿岸などに定着して、近畿地方を除く西日本に広まった。

それらは主流派と少数派があるが、少数派木棺の被葬者は外部から婚入したものであると考えて、親族組織の復元に役立てる研究がある。素材にはコウヤマキが一般的に用いられ、古墳時代の木棺に継承された。

石棺墓は、北部九州から響灘を経て中・四国地方に普及した施設である。板石を用いて、長方形に組んだものが多い。これは朝鮮半島から伝わった埋葬施設である。山口県土井ヶ浜遺跡には、長い石棺墓に複数の遺体を合葬した例も見出されている。

土器棺*は、死産児や乳児などの遺骸を納めた埋葬施設で、成人の墓に付随する場合もしばしばある。東北地方の弥生墓制の基本は、成人用土坑墓と子ども用の土器棺の組み合わせであった。土器棺には合口(あわせぐち)のものや、蓋(ふた)をかぶせたものがある。

弥生時代には壺形土器が、種籾(たねもみ)貯蔵など農耕生活のうえで大きな役割を占めるようになるが、北部九州では壺棺を祖形とした甕棺(かめかん)が盛行した。一部響灘沿岸や南九州あるいは朝鮮半島南部などにひろがる甕棺は、埋葬専用につくられた大型の土器棺である。多くの甕棺が、同じ形態と大きさの甕あるいは専用の蓋を用いた合口ないし蓋付土器棺である。

合口土器棺は、縄文後期に出現して晩期をつうじてみられるので、九州の甕棺は縄文時代の系譜を引いた埋葬施設ということができよう。関東地方などの再葬の蔵骨器にも、壺を中心とした土器が用いられた。

墓制に見る縄文文化・古墳文化との差

弥生時代の埋葬の外表施設で縄文時代と異なる特徴的な点は、溝などによって区画された

*土器棺　土器を用いた棺。棺は遺体を納める器であり、遺骨を納めた器は蔵骨器などと呼び、棺には含めない。北部九州の弥生時代には甕棺と呼ばれる成人用の特別な土器があるが、これは土器棺の一種である。

支石墓　数人がかりでも持ち上げることがむずかしい巨石を運び、墓標にしている。佐賀県丸山遺跡。

り、盛土をしたり、大石を埋葬主体の上に載せたりと、墓の造営に協業による大きな労働力を要するようになることである。

支石墓（しせきぼ）*は、朝鮮半島から伝来した墓標施設であり、西北部九州に偏って分布する。福岡県糸島市新町遺跡では、埋葬主体部に人骨が残っており、渡来形質を備えていることが予想されたが、分析の結果は縄文人の形質を継いだ在来系であった。

溝で四角に区画した墓を方形周溝墓という。方形周溝墓には墳丘が確認されたものがあるが、その場合の墳丘は低いのが一般的である。方形周溝墓は、弥生前期にさかのぼる例が近畿地方から東海地方に知られている。朝鮮半島の青銅器時代の墓との関係性を考える立場もあるが、その系譜関係はまだよくわからない。

方形周溝墓は、弥生中期中葉に関東地方まで普及した。一般的に一〇メートル四方ほどの大きさのものが多いが、弥生中期の方形周溝墓のなかには愛知県朝日遺跡のように一辺が三〇メートルをこえる大型のものがあり、階層差を表現しているとの考えもある。

＊支石墓　支えとなる石の上に大型の盤状の石をかぶせた墓。地上に石室を設けてその上に石を載せたものと、円礫を支えにして石を載せ埋葬主体部は地下に設けたものがあり、朝鮮半島の分布状況から前者を北方式、後者を南方式と呼ぶ。弥生時代の支石墓は、朝鮮半島から伝わった南方式に限られる。

北部九州に方形周溝墓は少ないが、甕棺墓を方形に区画した例はある。また、佐賀県吉野ヶ里遺跡では、大型の墳丘墓に青銅の剣など副葬品をもつ甕棺が一〇基ほどあり、階層分化をうかがわせる。

弥生後期になると、首長あるいは首長層を葬った、のちの古墳につながる数十メートルの長さをもつような大型の墳丘墓が、各地で発生した。吉備地方には岡山県楯築墳丘墓のような双方中円型墳丘墓*、讃岐地方の前方後円型墳丘墓、山陰地方の四隅突出型墳丘墓*、丹後地方の長方形墳丘墓、濃尾地方の前方後方型墳丘墓など、地域ごとにまるで覇権を競うかのよ

四隅突出型墳丘墓　四隅の突出は何のためのものだったのか、よくわかっていない。あるいは墳丘に登り祭りをおこなうための墓道だったのかもしれない。島根県西谷２号墓。

■ 四隅突出型墳丘墓の分布

もっとも古い四隅突出型墳丘墓は中国地方山間部にあり、そこから日本海沿岸に広がった。

*双方中円型墳丘墓　円丘を中心に、両側に方丘の張り出し部を設けた墓。弥生時代、古墳時代にあるが、ごくわずかである。

*四隅突出型墳丘墓　方丘を中心に、四隅に張り出しを設けた墓。弥生中期の中国地方に出現し、後期に山陰地方で発達して古墳時代前半まで営まれた。弥生後期後半には丹後地方を飛び越えて、富山県域など北陸地方に伝わった。

うにさまざまな形態の墳丘墓がつくられた。古墳時代に、定式化した前方後円墳が広い範囲を覆うのと対象的である。

弥生時代の墓は、単独で営まれたものは少ない。方形周溝墓や甕棺墓のように、多くは群集する。縄文時代の墓が竪穴住居とともに存在している場合が多かったのに対して、弥生時代の墓域は居住域と溝で区別されたり、山腹に営まれるなど、生者と死者とを分離する傾向が強い。

居住域に墓地が設けられることの多い縄文文化とは、他界観が異なっていたことを示しているのであろう。

弥生時代には、副葬品をもつ墓が目立つようになる。朝鮮半島では、青銅器時代の前～中期（弥生早・前期併行）に石棺墓に磨製石剣や壺が副葬され、後期になると数種類の青銅器を副葬する墓があらわれた。それらの副葬品は、北部九州などでも一般的であり、弥生時代の副葬の習俗は朝鮮半島から流入したことは明らかである。

縄文時代にも階層化の兆しのあることが判明しつつあるが、弥生時代のそれは首長を頂点とした階層構造や官僚制の萌芽が認められる点で縄文文化との大きな差があり、それは墳墓の副葬品の質と量、とくに海外の貴重品を多量に納めた墓が登場することに端的に示されている。

祖先のまつり

関東地方や南東北地方の、弥生時代の早い時期に、再葬という独特な葬法が発達した。これは、遺体をいったん骨にして、ふたたび葬る葬法であり、蔵骨器には高さ三〇センチ以上、場合によっては六〇センチにおよぶような大きな壺形土器を用いるのが一般的である。

ひとつの土坑のなかに二個以上、多い場合には一〇数個におよぶ土器が納められた。この中から人骨が見つかった例はさほど多くないが、ひとつの土坑の中からは複数体の人骨が出土する場合がある。また、焼けた骨や頭蓋骨をまとめて埋納した土坑も発見されている。なかには数十体もの遺骨が納められた土坑もあり、その場合は多人数の合葬といえよう。

再葬の過程で指の骨や歯が取り出され、孔があけられて遺族がペンダントにすることもあったようである。

それでは、なぜそのような複雑な行程をとって葬送儀礼がおこなわれたのだろうか。死を確認するまでに長い時間と手続きを必要としたのは、一種の通過儀礼とみなすことができる。合葬は血縁関係にあった人たちをともに葬った結果であり、それが世代をこえた人びとと同じ墓域に多数まとめて埋められたのは、祖先を等しくする仲間意識によるのだろう。

つまり、再葬は祖先の仲間入りをするための通過儀礼の手続きであった。

これらの再葬墓を営んだ人びとのムラは、どのようなものだったのだろうか。

人の指の骨と歯でつくったペンダント　オーストラリアやニューギニアなどの部族では、骨や歯を遺体から抜き取って遺品とする習慣が報告されている。呪いや祖先崇拝など、その用途はさまざまである。群馬県八束脛（やつはぎ）洞穴。

人の指の骨と歯　上の復元写真のようにペンダントとして使用したと思われる。群馬県八束脛洞穴。

再葬墓はかなりたくさん見つかっていて、ひとつの再葬墓から一〇〇個以上の土器が出土した場合もあるので、ムラも相当大きかったろうが、ムラの跡はわからない。石川日出志が主張するように、いくつかの小さなムラが集まって再葬墓をつくったとしか思えないのである。

　分散して住む血縁関係にある人びとが共同で祖先の祭りをおこなったのが再葬墓であったと考えられている。そのようなスタイルのムラと再葬墓は、縄文中期～後期にも認められる。縄文中期～後期と縄文晩期～弥生前期は気候が寒冷であり、ムラの人口も減りムラが分散化した。

　弥生時代の再葬は、悪条件の環境に立ち向かった人びとが結集の原点を死者や祖先に求めた一種の祖先祭祀であり、それは縄文時代のムラと墓地のあり方を引き継いだ縄文文化的伝統の色濃いまつりであった。

　それでは西日本の弥生文化には祖先祭祀は見られないのだろうか。佐賀県吉野ヶ里遺跡の環濠のなかに築かれた墳丘墓には甕棺墓が一四基あるが、ひときわ大きな甕棺を中心にそのまわりを別の甕棺が取り巻いている。

　青銅の武器が副葬された階層的に上位の一族の墓である。この墓をめざすようにして、二列の甕棺墓が延々と続く。墳丘墓と甕棺の列の反対側には大型の掘立柱建物が軸方向を甕棺の列に一致させて立っている。これらの遺構の時期は、墳丘墓が弥生中期前半、甕棺墓の列が中期前半から後半で、大型建物が後期である。

　同じように軸線上に建物や墓が配置された例は佐賀県＊柚比本村(ゆびほんむら)遺跡にもあり、こうした計画的な施設配置は偶然の産物ではない。金関恕らは、吉野ケ里遺跡の施設群の年代的な関係

＊柚比本村遺跡　佐賀県鳥栖市に所在。弥生中期の甕棺から、碧玉(へきぎょく)を赤漆で塗り固めて装飾にした銅剣の鞘(さや)が出土したことでも知られる。

■ 柚比本村遺跡遺構配置図

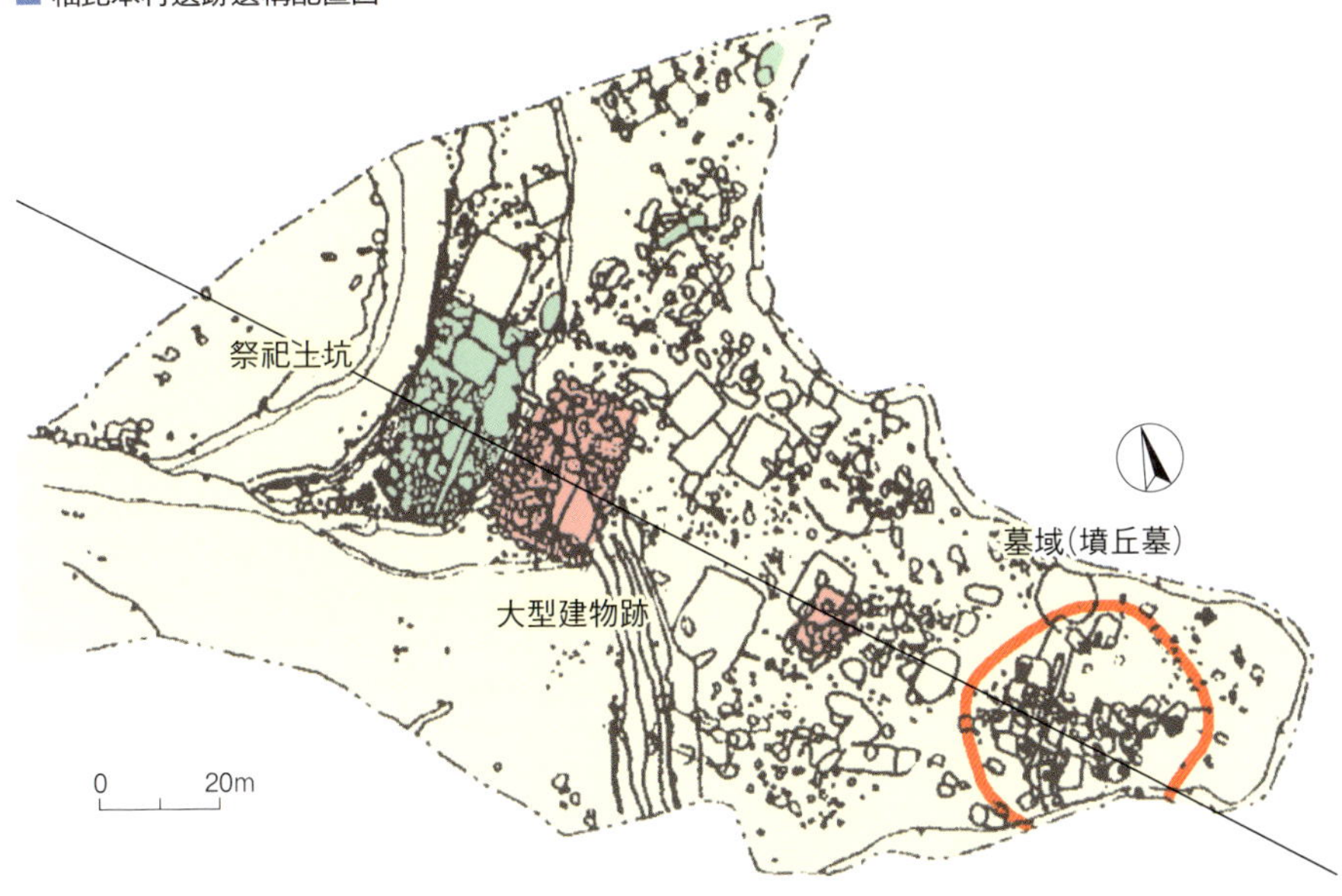

軸線上に墓に関係する施設が並ぶが、中国の祖先祭祀が影響を与えたとされている。

甕棺墓と墳丘墓　二列に延々と続く甕棺墓。この先には墳丘墓があり、墳丘墓には副葬品を備えた甕棺墓がある。佐賀県吉野ヶ里遺跡。

や規則性などから、墳丘墓が祖先の墓、甕棺墓がそれを顕彰するように子孫が築いた墓であり、大型建物に祖先祭祀の役割を想定している。

　これらが軸線上に配置されるのはそれまでの弥生社会にはなかった設計方法であり、中国から伝えられたと考えられている。漢代には＊宗廟（そうびょう）という大型の建物で祖先祭祀を行ったが、それを取り入れた可能性が考えられる。

　弥生時代には縄文時代の伝統を維持した祖先祭祀が東日本でおこなわれ、大陸との交通の本格化にともなって大陸にもっとも近い北部九州で大陸由来の祖先祭祀が導入されたように、日本列島のなかで地理的な条件や文化的伝統や外来の影響によって祖先祭祀も多様に展開したと推測できる。

＊宗廟　祖先の霊をまつるみたまや。中国湖北省の盤龍（ばんりゅう）城（じょう）遺跡は殷（いん）代の二里岡（にりこう）文化の遺跡である。発掘された版（はん）築（ちく）基壇（きだん）をもつおよそ四〇メートル×一二メートルの大型建物跡が宗廟ではないかとされる古い例である。

農耕儀礼と青銅器のまつり

土器絵画に見る弥生人の農耕儀礼

鳥取県米子市にある稲吉角田遺跡から出土した大きな壺形土器には、太い頸を一周して絵が描かれていた。パノラマ絵画、シネマスコープといってよい。

右から左へと物語が展開するので右側から見ていくと、大きな船があり、船には人物が数人乗って、左に向かって櫂で漕ぎ進んでいる。人物は頭から帯状の飾りを後ろ側にアーチ状に垂らしている。鳥の羽冠*を表現したという意見がある。

この船がおもむく先には、高い柱をもつ家があり、家の床からは長い梯子が降ろされている。梯子の段は一三段以上であり、梯子の下方を幅広く、上方を狭くした遠近法を使って高さを強調している。この絵画土器が出土した山陰地方で高い柱の建物といえば、真っ先に想い浮かぶのは出雲大社の本殿である。弥生時代にすでにその原型が生まれていたことすら考えなくてはならないことを、土器絵画は語っている。

左側には別の建物が描かれる。切妻の屋根を表現した、倉庫状の建物だろうか。さらにその左に樹木が描かれ、両方の枝からさなぎのようなものが吊り下げられている。銅鐸ではないか、という意見がある。シカの絵と同心円状の絵画破片も出土している。ほかの絵画破片

＊羽冠　サギなどの鳥類の後頭部の羽毛が長く伸びたのが冠羽。それが束になった状態のもの。

と接点がなく、これらの絵画の右に来るのか、左に来るのか不明だが、明らかに同じ個体の破片である。

弥生時代に稲を貯蔵するのは高床（たかゆか）倉庫であった。できるだけ天に近づけた右側の建物に、鳥に扮してやってくる稲魂*（いなだま）を迎えるべくその位置を知らせるために銅鐸が打ち鳴らされ、左の高床倉庫へと招き入れる儀礼をシカが見守っている。シカは弥生時代の土器や銅鐸にさかんに描かれた、稲作にかかわる土地の精霊とされる存在であった。したがって、この土器絵画は船で稲魂を迎えに行き、それをしかるべきところに安置する農耕儀礼の物語である。なぜ船で稲魂を迎えに行くのであろうか。

古代には天鳥船*（あめのとりふね）、すなわち天かける船があるが、当時の船にはこの世とあの世を往来する役割が意識されていたのであり、稲の魂は祖先の国とこの世を、鳥を媒介にして往来していたからであろう。

鳥とシカが弥生時代の農耕儀礼にとって重要な動物であったが、そのことをもう少し詳しく見てみよう。

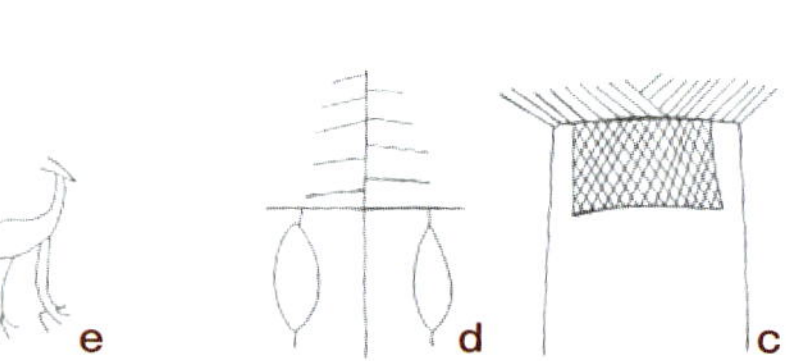

船をこぐ鳥人（農耕儀礼のパノラマ絵画のある壺形土器：鳥取県稲吉角田遺跡より）　右の船（**a**）が向うのは丈の高い建物（**b**）であり、その先には稲を納める高床倉庫（**c**）がある。木の枝に吊るされた２個の銅鐸（**d**）が鳴らされて鳥を招く儀礼の一部始終をシカ（**e**）が見守っている。

*稲魂　『古事記』『日本書紀』には、「うかのみたま」という表記が穀物の神として出てくる。弥生時代の生業が稲作を基盤として、銅鐸などが稲作儀礼にかかわるものだとすれば、イネのエッセンスが目に見えない信仰の対象になっていたと推測される。

*天鳥船　『古事記』に登場する「鳥之石楠船神（とりのいわくすふねのかみ）」は神が乗る船であり、「天鳥船」ともいう。

奈良県清水風遺跡などから人物絵画を描いた弥生土器が見つかっているが、人物は両手を挙げており、両袖の袂（たもと）がふくらんでいる（六一ページ、写真）。岡山市新庄尾上（しんじょうおのえ）遺跡の土器絵画の人物の口には嘴（くちばし）がはっきりと描かれており、弥生時代には仮面や翼をつけて鳥に扮する儀礼が存在していたことは確かである。

弥生時代の西日本各所から、鳥をかたどった木製品が見つかっている。腹にほぞ穴のあいたものや、翼を取りつける溝を背に切ったものがあり、竿（さお）につけて高くかざしていたらしい。ツングース族など北方系の人びとの間では、木の鳥を彫り、竿の上に掲げる習慣がある。ま

鳥に扮した人物を描く壺形土器　清水風遺跡の鳥装の人物（p61）がくちばしのついた仮面をかぶって鳥に扮しているとの説は、この土器の絵画で証明された。岡山県新庄尾上遺跡。

鳥形木製品　腹にあいた孔に木の棒を刺すと、あたかも鳥が飛び立っているようである。韓国ではソッテと呼ばれる鳥形木製品が今でも辻々にみられるが、『魏志』韓伝の「蘇塗」とされ、遅くとも３世紀に遡る風習である。大阪府池上曽根遺跡。

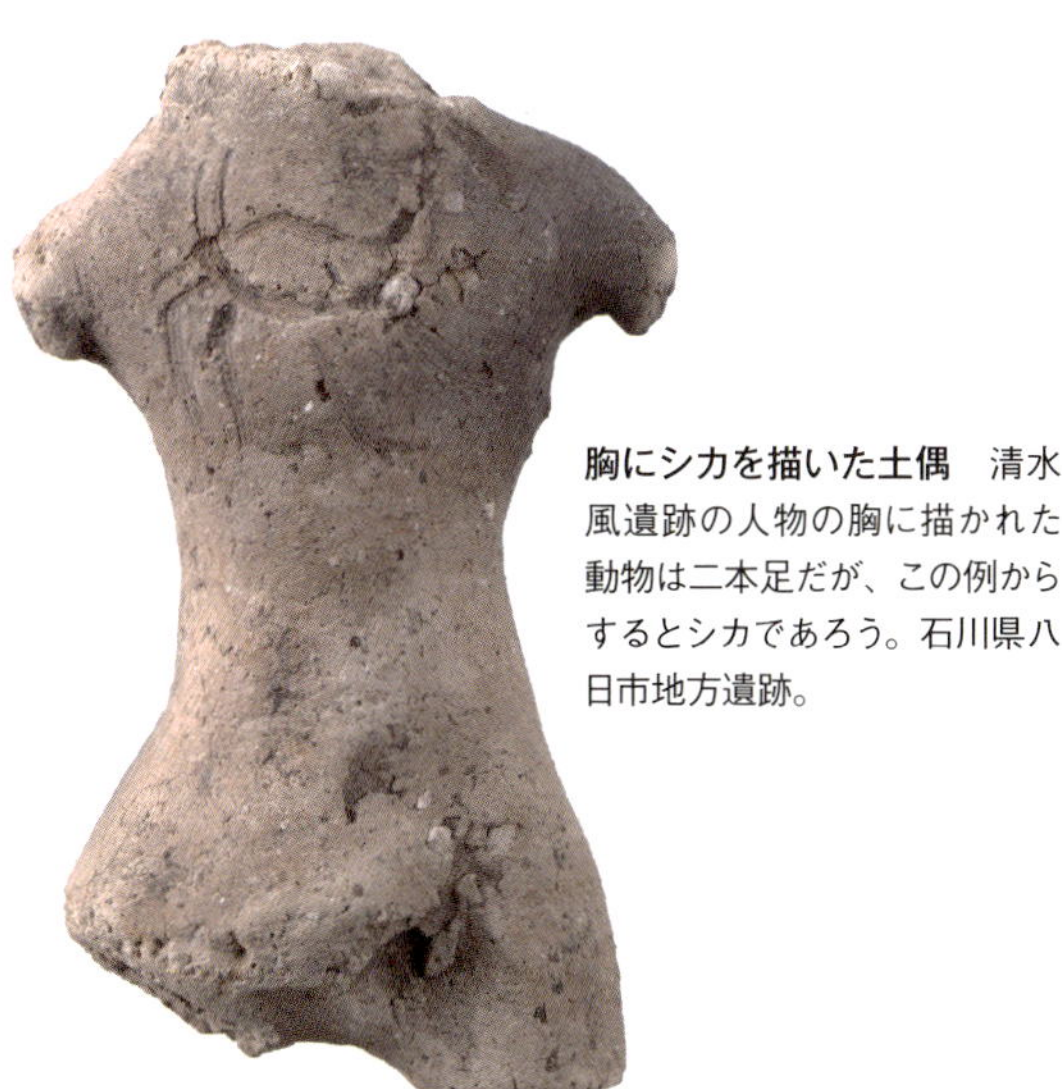

胸にシカを描いた土偶　清水風遺跡の人物の胸に描かれた動物は二本足だが、この例からするとシカであろう。石川県八日市地方遺跡。

た、シャマンという呪術師は鳥に扮して祖先と交流した。

山東半島や朝鮮半島北部で北方系シャマニズム*と習合した鳥の信仰が、弥生文化へと伝えられ、たとえば稲作の予祝儀礼*（よしゅく）などのときに鳥に扮した司祭者が祭りをおこなった可能性が高い。

清水風遺跡の絵画の人物は、胸に動物を描く。石川県八日市地方遺跡*（ようかいちじかた）から、胸にシカを描いた土偶が見つかり、清水風例もシカであることがたしかめられた。

弥生時代の人びとが土器や銅鐸に描いた絵画は、シカが圧倒的である。鳥と同じくシカもまた、日本の古典に神聖な動物として登場する。佐原真*や春成秀爾*らは、古典文学も参照しながら、弥生時代のシカが農耕儀礼に重要な役割を果たしていたと考えた。宗教史家の岡田精司は、古代には雄ジカの角の生え変わりがイネの成長のサイクルと同義とみられていたように、シカが土地の精霊としての呪的意味をもつと考えられていたという。

弥生時代の絵のなかには、背中に矢を受けたシカの絵がある。雄ジカの角をつかんだ狩人の絵とともに神話的な要素を感じさせる。韓国は慶州付近で出土したとされる青銅器に矢を受けたシカという同じモチーフがみられるので、シカを儀礼の対象とすることは、やはり鳥に対する信仰と同じく朝鮮半島から伝えられた可能性がある。

縄文時代から弥生時代へ、採集狩猟から農耕へと経済の基盤は大きく変化したが、それを裏から支えた信仰や祭祀もそれに歩調を合わせるように変化した。その起源は、農耕文化をもたらした大陸に求められるのである。

*シャマニズム　シャーマニズムとも。シャマン（巫女）がとりおこなう呪術的な宗教体系。極東地域に典型的にみられ、神や精霊が憑依したシャマンが超自然界との交信などの呪術的な行為を行なうのが一般的。

*予祝儀礼　農耕儀礼などで、豊作を祈って行う儀礼行為。あらかじめ期待される結果を模擬的に演じると豊作につながるとの期待がこめられている。

*八日市地方遺跡　石川県小松市に所在。集落がもっとも大きくなった弥生中期中葉には、面積が一五ヘクタールに及んだ。碧玉製の玉生産、木器生産、石器生産がおこなわれ、玉類は東北地方など各地に運ばれた。生産と物流の拠点といってよい。

銅鐸の謎

銅鐸は木の枝などに吊るして打ち鳴らした鐘である。吊り手の部分を鈕（ちゅう）というが、佐原真は鈕に目をつけて、断面が菱形（ひしがた）で分厚い菱環鈕（りょうかんちゅう）式→菱形部分の外側に張り出しの装飾がついた外縁付鈕式→扁平になり内側にも張り出し装飾がついた扁平鈕式→鈕の中を区画している線が、突線になって何重にもなった突線鈕式という変化を見出した。

銅鐸をその順に並べると、次第に大型化していく様子がよくわかる。最古の銅鐸は紀元前四世紀、弥生前期末ないし中期初頭とされている。それらは高さ二〇センチほどであるのに対して、もっとも新しい弥生後期、紀元二世紀ころの銅鐸は最大で約一三五センチと小学生の背丈ほどに達する。

それでは、なぜそのような変化が生じたのだろうか。銅鐸はまれに舌（ぜつ）と呼ばれる棒がともなって発掘されたり、銅鏃（どうぞく）を吊るして舌の代わりにした小銅鐸もある。淡路島の兵庫県南あ

銅鐸の使用再現　舌を垂らした銅鐸使用方法の再現。

＊佐原真（一九三二～二〇〇二）　土器や銅鐸などの型式学的研究や技術史的研究に業績を残した。外国語に堪能で、石斧や戦争、原始絵画などに関する比較考古学を世界的な視野で展開し、その成果を分かりやすく一般の方に伝える努力を続けた。

＊春成秀爾（一九四二～）　旧石器時代のヴィーナス像、縄文時代の抜歯、日本先史時代の葬墓制や親族組織、弥生時代の銅鐸、原始絵画、埴輪の起源など、社会組織や儀礼問題を中心に多彩な考古学研究を展開している。国立歴史民俗博物館の炭素14年代測定による年代論を推進した。

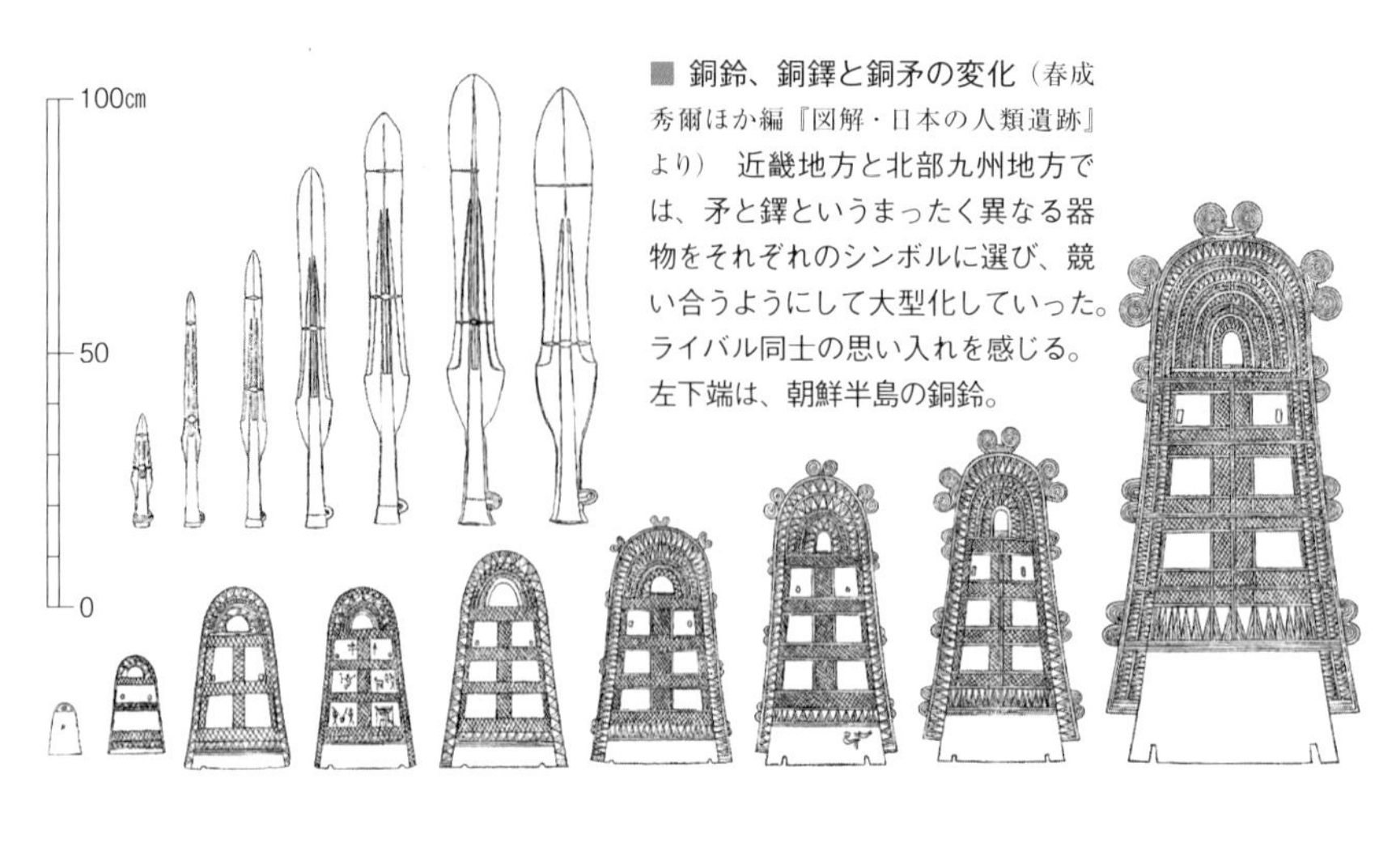

■ 銅鈴、銅鐸と銅矛の変化（春成秀爾ほか編『図解・日本の人類遺跡』より）　近畿地方と北部九州地方では、矛と鐸というまったく異なる器物をそれぞれのシンボルに選び、競い合うようにして大型化していった。ライバル同士の思い入れを感じる。左下端は、朝鮮半島の銅鈴。

わじ市松帆（まつほ）遺跡から発見された七点の銅鐸のうち六点に舌が伴っていた。舌の孔には吊るした紐までが残っていた。

つまり、銅鐸は中に棒を下げて揺らし、内面の突帯と触れ合うことで音を出す鐘だった。ところが、新しい銅鐸になると、内面の突帯がなくなってしまう場合があり、鈕も吊るすためのものではなく、薄く大きく装飾が豊かになる。鳴らす機能が喪失し、たんなる置物へと変化したのだ。

この変化は「聞く銅鐸から見る銅鐸へ」と表現されている。

聞くことにどのような意味があったのだろうか。表面に絵画が描かれた銅鐸は少なくないが、そのモチーフは農耕とくに水田稲作にかかわる題材が多い。

銅鐸に描かれた絵画は、水田稲作という、弥生時代の人びとにとってもっとも大事な作業が順調にいくことを祈った農耕儀礼*にかかわる絵

＊農耕儀礼　民俗例などによれば、農耕儀礼には春の予祝祭と秋の収穫祭や夏の虫追いの儀式などがある。田に水を引くために畦を切ってつくった水口の付近に男根状の木製品を立てる風習も記録されている。池上曽根遺跡などから出土する男根形の木製品は、このような儀礼に用いられたのかもしれない。

画と考えられている。

　鳴らさなくなった新しい銅鐸には、農耕儀礼とは別の役割が期待されるようになっていった。超大型の銅鐸には多くの原料が必要となる。それを入手するのはそれだけ力をもった集落や地域によってはじめて成し遂げることができたであろう。

　近畿地方で銅鐸が急速に大型化する弥生後期には、北部九州では銅矛（どうほこ）がこれまた大型化している。長さ九〇センチにちかいものもあり、銅鐸と同じく本来の武器としての機能を完全に失い、儀器になっていた。

発見された39個もの銅鐸　人里離れた山の斜面に埋められていた。島根県加茂岩倉遺跡。

　弥生後期といえば、のちの「倭国乱」に象徴されるように、西日本の有力な地域同士、覇権を争い熾烈（しれつ）な戦いが繰り広げられた時代である。地域を象徴するシンボルとして、銅鐸は農耕儀礼という牧歌的な役割を越えて、威儀具、示威の道具としてその役目を果すようになったのである。

　銅鐸は人里はなれたところにひっそりと埋められた。島根県加茂岩倉*には三九個の銅鐸が埋められており、滋賀県の琵琶湖の付近から大型の銅鐸が三〇個以上出土したことも記録に残っている。銅鐸を有する有力な勢力が、それと対（たい）

＊加茂岩倉遺跡　島根県雲南市に所在。一九九六年、三九個もの銅鐸の埋納跡が検出された。神庭荒神谷遺跡の青銅器に続く発見で、山陰地方の大きな勢力の存在が補強された。

一括埋納された 358 本の銅剣　日本で見つかっていた銅剣の数を上回るものだった。島根県神庭荒神谷遺跡。

峙する勢力との境界線を塞ぐ意味で埋納した、という春成秀爾らの説がある。

それを認めれば、銅鐸が農耕祭祀を離れ、辟邪の意図も含む戦乱の道具として用いられた証となろう。その場合、横倒しにして、鰭が垂直になるような状態で、互い違いに埋めるという約束があった。北部九州では銅矛を同じような状態で埋めている。

覇権を争っていた勢力とはいえ、同じ流儀でシンボルを埋納しているからには、共通の意識も強い集団どうしだったわけだから、単純な敵対関係と理解してよいのか疑問でもある。

武器の形をした祭器

銅矛・銅戈・銅剣の三種類の武器は、弥生中期から後期に細形→中細形→中広形→広形もしくは平形という型式の変化をたどった。刃部の幅が広くなると同時に大型化している。先に述べたように、銅矛は弥生後期に長さが九〇センチにちかいものも現れた。広形銅矛のソケットの部分には鋳型の土が入ったままで柄に刺さなかった例がある。巨大化した武器は、もはや実用品ではなくなっていたのである。

それでは大型化した武器形青銅器は、何に用いられたのだろうか。島根県神庭荒神谷遺跡*

＊神庭荒神谷遺跡　島根県出雲市に所在。一九八四年の発掘調査で、三五八本の中細形銅剣と、六個の銅鐸および一六本の中細形銅矛が一括埋納状態で検出された。

■青銅器の分布

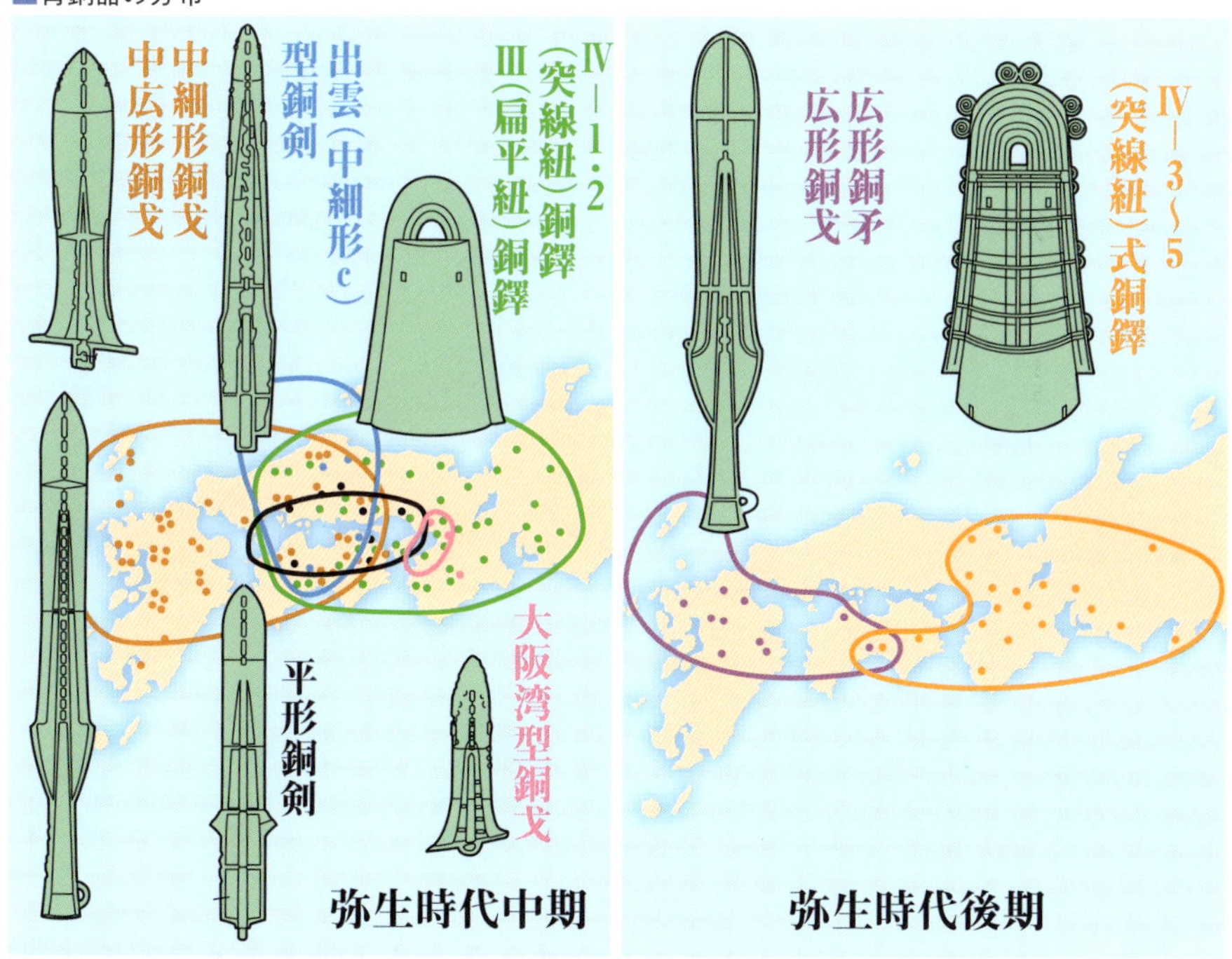

弥生時代後期になると銅鐸と銅矛が大型化し、近畿地方と北部九州地方を中心に対立的に分布するようになる。

から、中細形銅剣が三五八本も一括して埋められていた。弥生中期後半だが、すでにこれらには刃がつけられておらず、実用の武器ではなくなっている。

人里離れた山の斜面に埋められた理由はよくわからないが、武威の象徴として実用から離れた祭りの道具として製作されたようである。

祭器といっても、もとは武器だから、魔よけや敵を退散させる意味が強くうかがえる。近畿地方の勢力は銅鐸を大型化して、もっとも重要な祭器

方相氏の道具３点　真ん中の赤い板は盾の破片。本来は下の戈の柄よりも大きな板であった。仮面は顔が隠れるほどの大きさだが、紐通しの穴がなく、手で持って使ったのだろう。奈良県纏向遺跡。

とし、北部九州の勢力は、銅矛を大型化してもっとも重要な祭器とした。銅矛には敵を寄せつけず、覇権を象徴する意味があったとおもわれる。

敵は人間ばかりではない。玄界灘（げんかいなだ）の対馬（つしま）からは、銅矛が多量に出土する。玄界灘は、北部九州の勢力にとって、中国や朝鮮半島からさまざまな品物を手に入れる重要なルートであった。そこに浮かぶ島で、多量の銅矛を用いて海の魔物から無事に逃れられるように、航海の安全を祈ったと想像される。

銅矛は北部九州を中心に中国地方までしかおよばないのに対して、銅剣や銅戈は中部高地あるいは関東地方にまで分布する。その順にグレードが高かったという意見がある。貴重品ほどその分布が狭いというのだが、そればかりではないだろう。

弥生時代の土器や銅鐸に描かれた絵画には、右手に戈を持ち、左手に盾（たて）を持つ人物がある。奈良県清水風遺跡の土器や同県石上（いそのかみ）出土銅鐸の絵画が典型的である。佐賀県域でも川寄吉（かわよりよし）

原遺跡から出土した銅鐸形土製品*に、似た絵が描かれていた。同様な図案は中国新石器時代にすでに見ることができ、戈と盾は漢代に方相氏という、一種の呪術師の持ち物として文献に登場する。

方相氏とは、四つ目の黄金の仮面をかぶり、右手に戈を左手に盾を持ち、墓の中で戈によって空間を切り裂き、邪気を払う仕草をする呪術師である。

中国の方相氏の思想は、弥生時代の人びとに正確に伝わっているかどうかわからないが、弥生時代の戈には、中国で生まれ育った戈にまつわる呪術的な役割が強く及び、盛んに絵画に描かれたと思われる。したがって、銅矛が最高のグレードをもつ青銅製武器であるという理解に異論はないが、戈が東日本まで分布することについては、武器の階層性だけでは説明はできない。縄文時代には、戈と似た形態の呪術的な装身具として、鹿角でつくったL字形の腰飾りが知られている。戈は縄文文化の伝統のもとに、東日本にも及ぶほど広域に分布したのではないだろうか。

三種類の青銅製武器を写した武器形木製品もつくられた。なかには岡山県南方*(済生会)遺跡例のように細形銅剣にそっくりな木製品もあり、充分武器として通用するようだが、多くは実用品といいがたい。これらは、模擬戦に使われたのではないか、という金関恕らの説がある。今もおこなわれる綱引きなども模擬戦の一種であり、たとえば二つの村で勝負して、勝ったほうに豊作が約束される、といった農耕儀礼の意味をもともともつゲームであった。

農耕が基幹産業になる弥生時代にも、農耕儀礼がおこなわれたに違いない。武器形木製品から模擬戦を想定するのは、そうした脈絡を重視したうえでのことである。

＊銅鐸形土製品　銅鐸を模して粘土でつくり焼きあげた土製品。北部九州から関東地方まで分布する。

＊南方（済生会）遺跡　岡山市に所在する弥生中期の拠点的集落。木製品が数多く出土した。赤漆塗り杓子、黒漆塗りジョッキ形木製品、木のよろい、細形銅剣を模した木剣、装飾を施した戈の柄など、いずれも弥生文化の木工技術の水準の高さをうかがわせる。

龍の信仰

龍は、紀元前五〇〇〇年に中国などで生まれた伝説上の動物である。弥生後期に中国漢帝国からもたらされた鏡には龍が描かれており、弥生人も龍を知る機会が訪れた。

この時期になると、土器に龍が描かれるようになる。岡山県下市瀬遺跡や大阪府瓜生堂遺跡では、龍を描いた土器が井戸から出土した。下市瀬遺跡の龍は棒状のものを持った人物とともに描かれており、まるで人物が龍を操っているかのようである（六八ページ）。水は水田稲作に欠かすことのできないものだから、井戸の祭りをおこなう必要も生まれただろう。

『淮南子』や『説文解字』などの戦国から漢代の書物には、龍が雨乞いの天の使いとして登場する。弥生後期の五七年に「漢委奴国王」金印がもたらされたように、漢との交通も頻度を増していった時期である。龍を描いた青銅鏡ももたらされ、それとともに龍の伝説が入ってきた可能性を考えてよい。井戸という水にまつわる祭祀の場で龍を描いた土器が用いられるところからすると、弥生時代にも龍が農耕祭祀の役割を演じていたのではないだろうか。

中国ではときに数匹が絡み合い、わだかまる龍をモチーフとした絵画が画像石などに数多く描かれた。弥生時代の吉備地方で生まれた、帯を絡めたような弧帯文は、こうしたモチーフを原形としたものではないか、というのが春成秀爾の説である。弧帯文は首長クラスの墳丘墓に特殊器台や弧帯石の文様モチーフとして描かれた。中国で重要な儀礼的意味をもつ龍のモチーフが、農耕儀礼をつかさどる首長のアイテムとして採用されたのであろう。

第四章　生産と流通

各地との交易

石器の生産と流通

北部九州では、玄武岩という硬い石でつくった太型蛤刃石斧があちこちの遺跡で発見される。

大正時代の終わりころ、九州帝国大学の医学部教授であった中山平次郎は、この石斧の製作跡を突き止めた。福岡市糸島半島の付け根、海岸に面した標高八〇メートルの小さな丘陵である今山から、この石斧の未製品を発見したのである。

中山は今山から発見された各種の石斧未製品を並べて、粗割段階→打裂段階→敲打段階→琢磨段階という四つの工程を復元した。これは、現在でも通用するすぐ

太型蛤刃石斧の未成品　今山遺跡で生産された太型蛤刃石斧は、長さ 20㎝前後、幅が 8㎝前後、厚さが 5㎝前後で重さが1kg程度の規格品だった。福岡県今山遺跡。

れた観察であった。
今山遺跡*の石器専業生産は、弥生前期末にはじまるが、本格化するのは中期である。糸島地域や福岡市域はもちろんのこと、嘉穂盆地・佐賀平野・朝倉盆地・筑後平野など当時の弥生文化の先進地帯にいたるまで、今山産の太型蛤刃石斧は磨製石斧のうちのおおむね九〇パーセント以上を占め、遠くは直線距離で一〇〇キロに及ぶ宇土市域にまで運ばれた。これらはほかの遺跡でつくられたものよりも重くて大型で、均整のとれたきれいな形をしている。いってみれば機能とスタイルに優れたブランド品であった。

飯塚市立岩焼ノ正遺跡も同じような石器生産の専業集落である。今山と同じく弥生前期末に生産を開始し、中期いっぱい続くが、この場合は遺跡付近の笠木山の輝緑凝灰岩を用いた石包丁や石鎌などの生産であった。製品はやはり遠隔地にまでもたらされた。福岡平野や朝

＊今山遺跡　福岡県福岡市西区に所在。博多湾に面した今山は玄武岩という硬い石を産出するが、そこから磨製石斧の原石や未製品が多量に出土し、磨製石斧の製作場所であることが確認された。

長野県から出土した銅戈　北部九州産の銅戈（上）と近畿産の銅戈（中・下）の違いは、血を流すための中央の縦長の窪み（樋）の先端がくっついているか離れているかである。残り具合の違いは成分の差によるものか。長野県柳沢遺跡。

倉盆地で二五パーセントほどと今山産の石斧には及ばないものの、糸島地方や佐賀平野、あるいは宇佐地方にまで、半径六〇キロほどの広範囲にわたっている。

同じようなスタイルの石器生産は、長野県榎田遺跡*にも認めることができる。輝緑岩・閃緑岩(せんりょくがん)などのかたい火山岩を用いて太型蛤刃石斧を中心に生産して近隣の松原遺跡*で仕上げた。榎田・松原産の石斧はおよそ二〇〇キロ離れた神奈川県砂田台遺跡*から出土したように、その波及力は今山遺跡をしのぐほどである。

近隣の柳沢遺跡*で銅戈(どうか)が数本発見されたが、そのなかに北部九州産の中細形銅戈が含まれていた。榎田遺跡の石器生産体制は、北部九州から伝えられたのかもしれない。

これに対して、近畿地方では特定の遺跡で特定の石器を集中的に生産して、これほどまで広い範囲に流通させることはない。弥生中期の近畿地方南部には紀ノ川流域の結晶片岩(けっしょうへんがん)製石包丁が、近畿地方北部には滋賀県高島の粘板岩(ねんばんがん)製石包丁が、瀬戸内海沿岸には二上山(にじょうさん)系のサヌカイト製打製石包丁が分布する。

各地の遺跡からこれらの未製品や石器製作の道具が出土するが、原石の出土はまれである。原産地である二上山のふもとの大阪府富田林市喜志遺跡や中野遺跡では、未製品にまじって石核や剥片が多量に出土する一方で、それに近接する船橋遺跡や国府遺跡*など拠点的な集落では磨製石器の製品とともにサヌカイトの剥片が多量に出土する。原産地付近の集落で原石を入手してあらごなしをした石器が、拠点的な集落に集められて河川などをつうじて各地の集落へと運ばれた様子がうかがえる。河内潟周辺の弥生時代のムラには、石器を生産する船橋遺跡や国府遺跡、河内潟に面した水運を利用して原料を運びこみ青銅器生産をおこなう東*

＊榎田遺跡　長野市に所在。太型蛤刃石斧などの原石や未整品が大量に出土し、石器生産をおこなっていたことが確かめられた。

＊松原遺跡　長野市に所在。榎田遺跡で製作した磨製石斧を仕上げた遺跡とされる。中核的な環濠集落。

＊砂田台遺跡　神奈川県秦野市に所在。榎田産と推定される太型蛤刃石斧など大陸系磨製石斧が揃う。鉄剣を加工した鉄斧が五点出土し、鉄器利用の実態解明の手掛かりを提供した。

＊柳沢遺跡　長野県中野市に所在。銅鐸五点、銅戈八本が一括して埋納されていた。西日本における青銅器祭祀がそのまま長野県域に伝わっていたことがはじめてわかった。

奈良遺跡、北部の丘陵から切り出した木材を農具に加工する安満（あま）*遺跡など、地の利を活かして独自の産業に携わる遺跡がネットワークを形成して生活必需品を生産・流通させていた。

近畿地方の集落の墓をみると、弥生中期後半にいたってもなお強力な首長の権力が成長してきた様子をみることはできない。これに対して北部九州では今山遺跡の近隣の糸島市三雲南小路遺跡の甕棺からは三〇面ほどの、立岩堀田遺跡の10号甕棺からは五面の前漢鏡が出土している。これらはいずれも近隣に石器生産の拠点集落を擁している。それぞれの平野の勢力が、石器の集中生産と流通などをつうじて首長権を拡大していったのであろう。

近畿地方に首長権の伸長をみることができないことの裏には、河内潟を中心とした平野地域全体にわたって、生産と流通のネットワークを維持するためにお互いの利害の突出を抑える平衡関係が働いていたとされている。それだけ縄文時代の生産と流通の形態に近かったといえよう。

青銅器・鉄器の生産と流通

日本列島で青銅器の使用が本格的にはじまるのは弥生前期末～中期初頭であり、青銅器

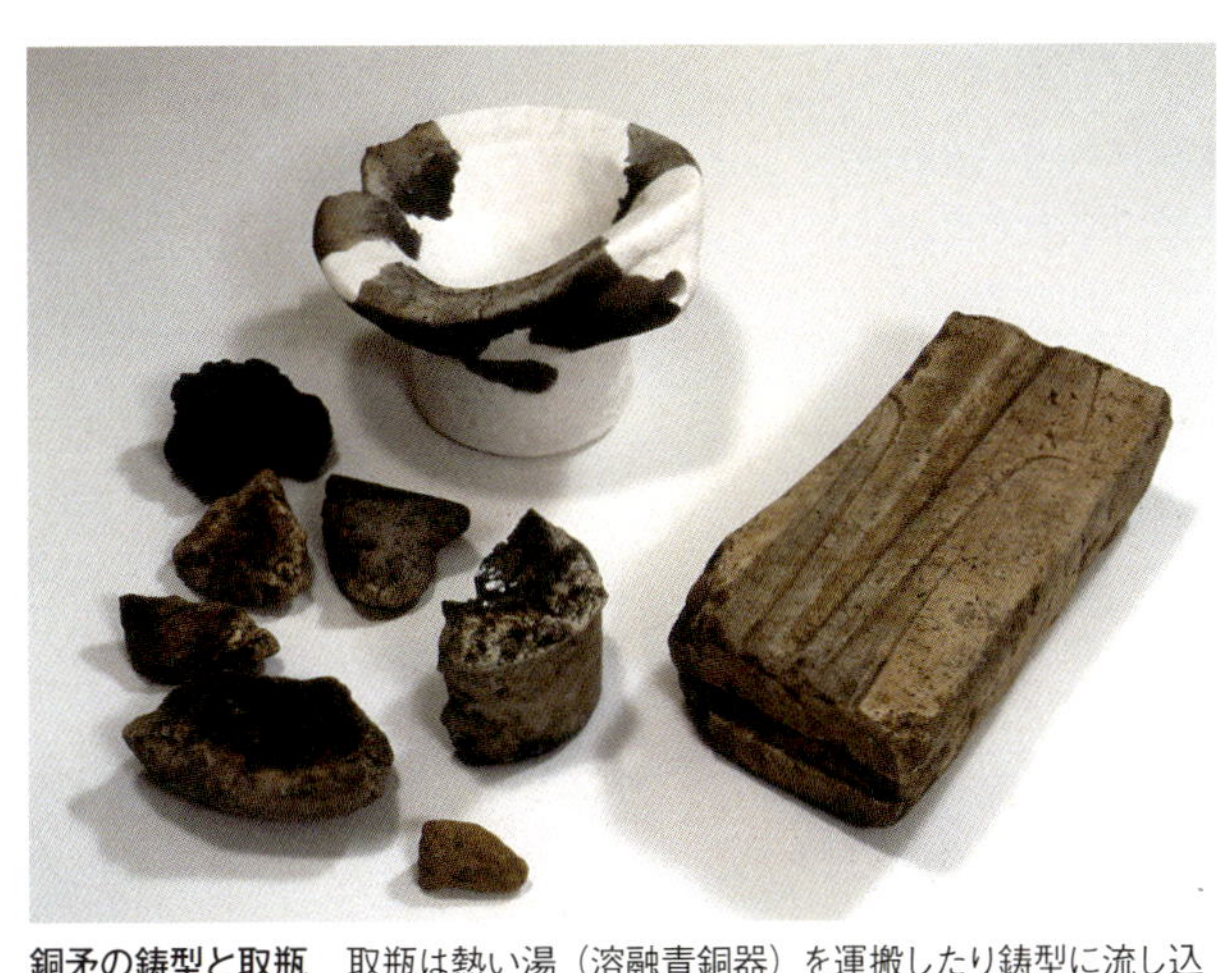

銅矛の鋳型と取瓶　取瓶は熱い湯（溶融青銅器）を運搬したり鋳型に流し込む際の容器である。福岡県比恵遺跡群。

＊国府遺跡　大阪府藤井寺市に所在。旧石器では国府型ナイフ形石器の指標遺跡であり、縄文時代では日本ではじめて多数の埋葬人骨が発掘された遺跡として名高い。

＊東奈良遺跡　大阪府茨木市に所在。青銅器やガラス製品の鋳型と鋳造関係資料が多量に出土し、生産工房の存在が明らかになった。製品は、大阪府域のほか兵庫県域・香川県域にまでも運ばれた。

＊安満遺跡　大阪府高槻市に所在。この地方を代表する弥生時代の集落。弥生後期初頭に遺構や遺物が激減、北方八〇〇メートルにある古曽部・芝谷遺跡に移動したとされる。

は朝鮮半島からの渡来人がもたらした。
その時期の鋳型がすでに存在しているので、日本列島に青銅器をもたらした渡来人は製造方法も伝えたことがわかる。ほぼ同時に愛媛県*大久保遺跡などで鉄器が出土している。これらは上部に二条の突帯のついた*鋳造鉄斧の破片であり、中国大陸で生産されたものがもたらされた。このように青銅器と鉄器はほぼ同時に日本列島に持ち込まれたが、鉄器の生産が確実にはじまるのは弥生中期終末であり、青銅器に遅れをとったようである。

弥生中期前半の青銅器の鋳造は、細形の銅矛・銅戈・銅剣などの武器からはじまった。鋳型は吉野ヶ里遺跡や神埼市姉遺跡など背振山南麓の佐賀平野に集中しており、朝鮮半島からの渡来系土器が多く出土する遺跡にともなっている。この時期の青銅器の鋳型は、特定の遺跡から多量に集中して出土するようなことはないので、各集落や地域で分散的な生産がおこなわれていたにすぎない。

こうした状況は、弥生中期中葉に一変した。佐賀平野の青銅器生産は鳥栖市本行遺跡や安永田遺跡など朝倉地方に移るが、次第に集約的傾向をおびてくる。福岡県春日丘陵の*須玖遺跡群が一大生産センターになったのもこの時期である。ここからは百数十点にのぼる青銅器の鋳型が出土しており、矛・戈・剣・鏃・鏡・釧・鐸・鋤先など製品の種類も多岐にわたる。

鋳型ばかりではない。須玖坂本遺跡や永田遺跡で検出された掘立柱建物の溝などからは、鞴の羽口、*取瓶、*中子、銅滓といった鋳造に用いた道具などが捨てられた状態で出土し、鋳造工房が判明した。

弥生中期後半になると須玖遺跡群の仁王手遺跡や赤井出遺跡では鍛冶炉を使って鉄器の生

＊大久保遺跡　愛媛県上浮穴郡に所在。中国の鋳造鉄斧の破片を研いで刃をつけた再加工品の鉄器が多数出土した。弥生文化の鉄器利用のはじまりの姿を捉えることができた重要な遺跡である。

＊鋳造鉄斧　鋳型でつくる鉄製品。鍛造品より大量生産に適しているが、強度に劣る。

＊須玖遺跡群　福岡県春日市に所在。須玖坂本遺跡や須玖永田遺跡・須玖五反田遺跡など、青銅器や鉄器、ガラス製品生産のテクノポリスさながらの様相を呈していた。奴国の中心勢力の存在を裏付けている。

＊取瓶　高温に溶かした金属の湯を受けるための容器。

＊中子　鋳造品の鋳型は外型と内型をつくって合わせ、そ

産をおこなうようになり、鉄器のバリエーションも斧（おの）をはじめとして鏃・鉇（やりがんな）・鑿（のみ）・鋤先・鎌・戈や剣など格段に増えた。弥生後期に出現する摘鎌（＊つみがま）をのぞけば古墳時代のリストとほぼ変わらない。青銅器工房もあわせて、春日丘陵の低地部は官営の金属器工房といってもよいほどの活況を呈するようになった。

こうした工房群はムラをおさめる首長によって統括されていた。青銅器や鉄器の製品は春日丘陵をこえて流通し、分配されたと考えられており、春日丘陵の首長の権威が遠くまで及んでいたことは想像に難くない。それがこの地に成立した奴国（なこく）の経済的基盤であった。青銅器や鉄器の原料は朝鮮半島に求めていたので、須玖遺跡における生産の集中化は、この地域の勢力が対外交通圏を掌握していたことをも示す。

青銅器生産は、はやくも弥生前期に近畿地方に及んだ。和歌山県御坊市堅田遺跡から青銅器鋳造工房とみなされる遺構が検出され、同時期の鉇の鋳型が出土した。朝鮮半島に系譜が求められる松菊里（＊しょうきくり）型住居跡は、近畿地方や東海地方にまで分布を広げていることや、近畿地方の各地で出土する朝鮮半島系の土器からすると、堅田遺跡の工房の出現には渡来人あるいは渡来系の人びとの関与が疑われる。また、もっとも古い型式である菱環鈕式銅鐸の鋳型が愛知県朝日遺跡で出土し、文様の分析結果から遅くとも弥生中期前半の東海地方ないし北陸地方で銅鐸の鋳造がはじめられたことが判明した。

その後、弥生中期中葉から後半の近畿地方には、瀬戸内海の入り口である兵庫県玉津田中遺跡、河内潟を中心とした東奈良遺跡や鬼虎川遺跡、大和川をさかのぼった奈良県唐古・鍵遺跡など、各地の拠点的な集落の一角に青銅器生産工房が設けられ、銅鐸などの製造が進め

の隙間に湯を流した。内型を中子という。

＊摘鎌　小型の長方形の鉄器を木枠にはめて手に握って稲穂などを摘んだ道具。

＊松菊里型住居　韓国の松菊里遺跡から検出された独特な竪穴住居の型式。整円形で中央に土坑をもち、土坑の両側に小穴をもつ。小穴の用途はよくわかっていない。

愛知県朝日遺跡。

られ、石器などの流通のネットワークをつうじて各地域の集団へと配布された。

近畿地方では、このように旺盛な青銅器の使用はみられるが、それに対して鉄器の出土量は少ない。むしろ山陰地方や北陸地方に鉄器や鍛冶炉（かじろ）が広範に存在しており、日本海をつうじて中国や朝鮮半島・北部九州と連携して交易をおこなっていた様子がわかる。

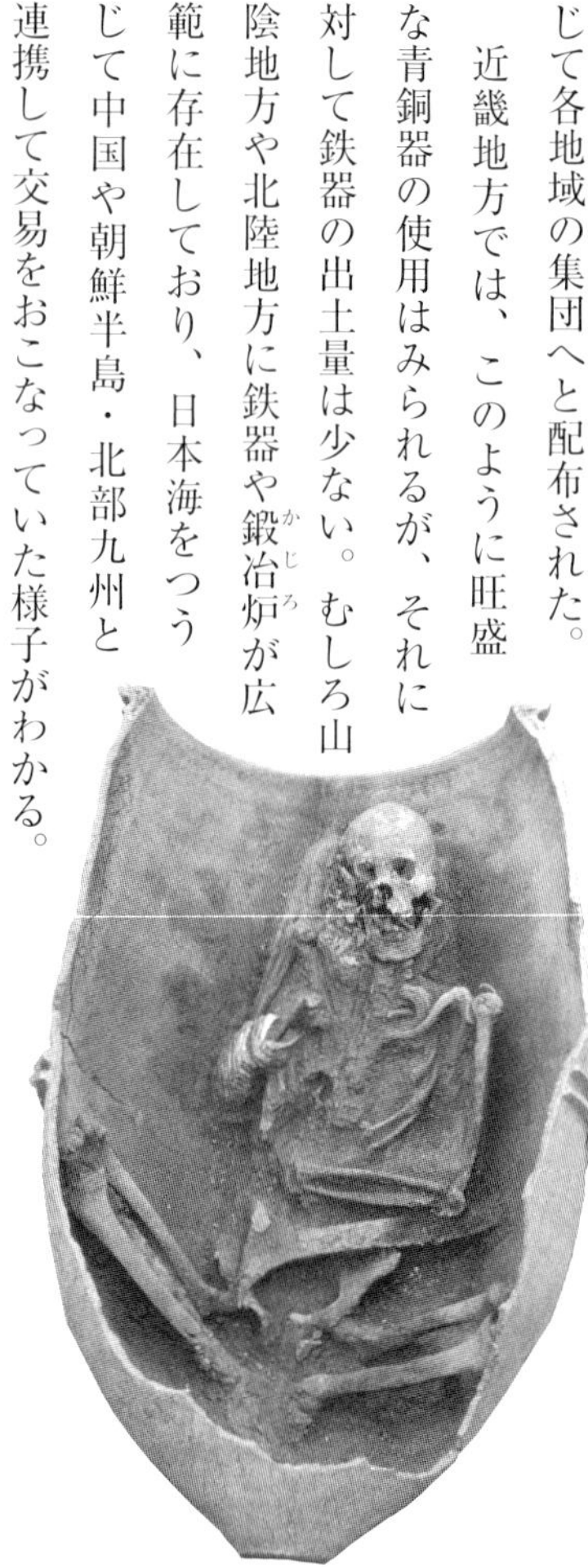

甕棺の埋葬人骨　右腕に大量のゴホウラ製貝輪をつけて、腹に鉄戈をのせた壮年の男性。福岡県立岩遺跡。

装身具の生産と流通

福岡県飯塚市にある立岩遺跡は、弥生時代の甕棺墓（かめかんぼ）が多数出土した遺跡だが、そのうちの34号甕棺には身長およそ一六六センチメートルと当時としてはやや背の高い男性が埋葬されていた。年齢はおよそ三〇歳。弥生中期の甕棺に葬られたこの人物の腹の上には、大きな鉄の戈が置かれていた。戈は辟邪（へきじゃ）として用いられた武器である。右腕には一四個ものゴホウラ製の貝の腕輪をはめていた。

吉野ヶ里遺跡から出土したＳＪ0384号墓の男性人骨の右腕にも、八個のゴホウラ製貝輪がはめられていた。佐賀県神埼市花浦遺跡ＳＪ004号の成人女性人骨は、左腕に二〇個ものイモガイ製貝輪をはめていた（六〇ページ）。それほどの数の腕輪は、だれでもつけられるものではなく、これらの人物が特殊な地位にあったか呪術的な能力を身につけていたことがわかる。

北部九州の有力な遺跡は、春日丘陵や糸島平野などの平野部にあり、権力を握った人びとはおもに農耕を営む農耕民であった。したがって、彼らはみずから船をこぎ、南方産の貝を入手したわけではない。その役割を担ったのは、沿岸に住みついていた海の民、いわゆる海人であった。海人はみずからもゴホウラなどを打ち欠いて磨き、腕輪にしていたが、平野部の農耕民は外唇の大きなゴホウラの不思議な形をよく残した腕輪に仕上げた。呪術性をより強く求めた結果であろう。

鹿児島県薩摩半島の西海岸にある高橋貝塚[*]からは、北部九州の土器とともに南海産の貝輪

*高橋貝塚　南さつま市に所在。一九六二・六三年（昭和37・38）に板付Ⅰ式土器と夜臼式土器が出土し、鹿児島県域に弥生前期初頭の土器が及んでいることが明確になった。それを含めた弥生前期の土器は、高橋Ⅰ式・高橋Ⅱ式と命名された。

ゴホウラ製貝輪の製作段階とイモガイの集積再現　イモガイやゴホウラをまとめて集積した遺構が沖縄では数か所で見つかっている。貝輪の素材のストックである。上:沖縄県大久保原遺跡、下:沖縄県嘉門貝塚（再現）。

の未製品や失敗品がたくさん出土した。奄美・沖縄諸島から運ばれた貝輪の素材はここに荷揚げして加工され、北部九州へと運ばれたと考えられている。はるかかなたの島々をめざした交易の中継地点だったのだろう。

　それでは奄美・沖縄地方という、ゴホウラやイモガイを採集した地域で、これらの貝は遺跡からどのような状態で出土するのだろうか。沖縄県浦添（うらそえ）市の嘉門（かじょう）貝塚では、多数のイモガイを集めて放射状に並べてあった。ゴホウラをいくつか積み上げてあった跡も発見されている。砂丘に埋めて中味を腐らせ、貝輪の素材とした場所がそのまま残っていたのだろう。

　沖縄県読谷村大久保原（よみたんそんおおくぼばる）遺跡からは、ゴホウラを貝輪にする工程が分かる資料が出土している。外唇部を取り除いてまん中に孔（あな）をあけ、孔を大きく広げてから周囲をよく磨いている。ある程度現地で加工してから出荷したらしいが、高橋貝塚での製作工程をみると、孔をあけた未成品にひもをとおし、数珠（じゅず）つなぎして出荷する場合もあったのだろう。

　奄美・沖縄地方の弥生時代に併行する貝塚後期文化の遺跡からは、楽浪（らくろう）郡のものと思われる銅銭や土器、朝鮮半島産の青銅器や鉄器などが出土しており、見返り品は遠く離れた大陸系の品々であり、それらは北部九州の勢力が交易によって手に入れた宝器の一部分であった。

　弥生時代には、貝製品と並んできれいな石を用いた装身具が縄文時代以来用いられており、それにガラス製品が加わった。管玉（くだたま）の生産がとらえられるようになるのは弥生前期の山陰地方であり、島根県西川津遺跡*や鳥取県長瀬高浜遺跡*などが知られている。基本的には原石を荒割りし、溝を施して分割し、研磨（けんま）したあとに穿孔（せんこう）して仕上げるが、遺跡や地域により、工程の固有性からいくつかの異なる技法の存在が確認されている。弥生中期になると、碧玉（へきぎょく）製

＊西川津遺跡　島根県松江市に所在。各種の木製農具や石包丁、多量の炭化米などがあり、釣針やタモ網などの漁撈具も豊富。鳥形木製品や人頭形土製品、かんざしなどの装身具も各種出土した。

＊長瀬高浜遺跡　鳥取県東伯郡に所在。玉作工房とされる竪穴住居跡数棟が発掘され、管玉の原石から研磨段階の未製品、穿孔された製品、荒割で生じた剥片などが出土、製作工程が明らかにされている。

管玉生産は近畿地方や北陸地方にも広がった。弥生中期後半〜後期には佐渡島で生産がはじまるが、赤い色の鉄石英製の管玉は直径が二〜三ミリと細く優美であり、中部地方から東北、関東地方へと広く分布する。

丹後地方では弥生中期後半に京都府奈具岡遺跡など規模の大きな玉作り遺跡が現れるが、水晶製の錐を用いて生産し、専用の鉄器がともなうなど、朝鮮半島や北部九州とのつながりのもとに玉生産が展開していたようである。

ガラスは弥生前期からみることができるが、日本列島でガラスの生産が開始されるのは弥生中期後半であり、ガラス勾玉の鋳型が福岡県須玖坂本遺跡や大阪府東奈良遺跡など西日本を中心に、東では静岡県沼津市植出遺跡にみることができる。弥生中期のガラス製品は鉛バリウムガラス*であり、後期になるとカリガラス*が生産された。

弥生中期後半には北部九州の甕棺に細長いガラス製管玉、塞杆状*ガラス製品やガラス璧など貴重な品々が副葬されている場合があるが、それらは楽浪郡をつうじて中国などから伝わったものである。京都府大風呂南遺跡の墳丘墓には、半透明なブルーのたいへん美しいカリガラス製の腕輪が副葬されていた。三世紀に近畿地方の首長が遠隔地と交易をおこなっていた可能性が指摘できる。

*鉛バリウムガラス　風化で白くなるが、もともと緑色や青色の色調をなす。

*カリガラス　弥生前期末に小珠が認められ、弥生後期以降急増する。淡青色、青〜紺色で透明度が高い。

空色が美しいカリガラス製の腕輪。京都府大風呂南遺跡。

*塞杆状ガラス製品　立岩遺跡の甕棺から出土したヘアバンドとされる管玉群に伴って出土したので、髪を止める装身具と考えられている。

交通手段の発達

船の利用と農耕文化の拡散

福岡市雀居（ささい）遺跡は、福岡平野に位置する弥生時代初頭の農耕集落である。ここから、弥生土器にまじって、青森県などで出土する縄文時代の終わりころの土器である＊亀ヶ岡（かめがおか）式土器が出土した。この土器は、華麗な文様を彫り込み、赤い漆で彩色されている。亀ヶ岡式土器やこれに類する土器は、高知県や佐賀県など西日本の西部の初期農耕集落で、続々と見つかった。弥生時代の始まりとともに、東北地方の土器が、なぜ北部九州にまで達したのだろうか。

朝鮮半島から日本列島に農業が伝来し、弥生時代が始まった。縄文文化の社会に与えた衝撃は、はかりしれないものであったに違いない。

当時の日本列島で、もっとも影響力のある文化は、東北地方北半に築かれた亀ヶ岡文化である。西のはずれで生じたあらたな時代の変化を、亀ヶ岡文化の人びとは近畿地方にまで張り巡らせた情報のネットワークをつうじて知ったであろう。そして、その実態を見るべくじつに二〇〇〇キロもの長旅の末、その震源地にやってきた東北地方の縄文人が残していったのが、雀居遺跡などから出土した亀ヶ岡式土器だと考えたい。

東北地方の縄文人は、北部九州の弥生文化になんの影響も与えなかったのだろうか。西日

＊亀ヶ岡式土器　縄文晩期に東北地方一帯に広がる土器の型式。東北地方の晩期の土器の通称で、岩手県大船渡市大洞（おおほら）貝塚出土の土器によって設定された大洞式土器の名を用いるのが一般的。

本一帯に広がる初期弥生時代の壺形土器は、ヘラによってさまざまな文様を描いている。そのひとつが重弧文という、弧線を重ねた文様であり、西日本一帯で流行した。

この文様は、亀ヶ岡式土器に由来する。壺形土器は種籾貯蔵などに使われたとされるように、農耕社会のシンボル的な存在である。北部九州で、地元の縄文土器を母体として生まれた最初の弥生土器には、農耕文化を伝えた朝鮮半島の壺形土器の影響、瀬戸内地方の文様の影響などがうかがえる。新たな文化におけるシンボルの創出に、いろいろな地方の人びとが集ってなされた様子がうかがえるのであり、そこに東北地方の縄文人も関与していたのである。

東北地方北部の縄文文化が日本列島西端部の弥生文化の成立に関与していたことは、その後の東日本における弥生文化の展開に大きな影響を与えた。弥生時代初期の青森県域や仙台平野などでは、農業に使う磨製石斧や大陸に起源がある管玉、あるいは穂摘具の石庖丁など、中部・関東地方ではあ

北部九州で出土した大洞系土器　下の破片は左のモデル（青森県、亀ヶ岡遺跡）の枠線の部分に相当する。福岡県雀居遺跡。

宝器としての磨製石斧　中央の土器に右側の石器などがおさめられて大事にされていた。関東地方では見たこともない立派な抉入柱状片刃石斧である。青森県荒谷遺跡。

まり見ることのできない、西日本の弥生文化に特有の遺物が多く出土する。

東北地方の初期弥生土器のあるものは、中部・関東地方よりも西日本的色彩が強い。それも山陰地方や丹後(たんご)地方など、日本海沿岸の土器と類似している。関東地方などを飛び越えたような状態で、西日本から農耕文化がおもに日本海経由で伝えられたのである。それに先立って東北地方から北部九州などへの働きかけなくしては理解しにくい文化の動き方である。

弥生中期中葉になると、関東地方にも本格的な農耕集落が成立した。神奈川県小田原市中里遺跡はその代表である。突如として出現した大型の農耕集落の背後に、近畿地方など西方の稲作先進地帯の人びとの関与があったことは、七三ページで紹介した。地元の土器にまじり、播磨(はりま)地方あたりからもたらされた土器が五パーセントほど出土している。それらは移動しやすい壺だけでなく、甕(かめ)・高杯(たかつき)などさまざまな種類がセットで認められることが特徴である。人数は多くはないだろうが、集団で移動してきたことを推測させる。

福岡県や高知県で出土した亀ヶ岡式土器は、明らかに東北地方からもたらされた搬入品であるが、これほどすぐれたものは途中の東海地方や近畿地方では見つかっていない。中里遺跡は、海岸からわずかに内陸に入った場所に位置しており、近畿地方系の土器をこれほど出す遺跡は、中里遺跡と近畿地方との中間にはない。こうしたことからすると、これらの土器をたずさえた人びとの移動手段として、海路を用いた交通を考えないわけにはいかない。

それでは、当時の船はどのようなものだったのだろうか。弥生時代初期に、東北地方から北部九州へわたったのは、おそらく丸木舟だったろう。丸木舟の上に波除板(なみよけいた)や舷側板(げんそくばん)を設けた船を、準構造船という。丸木舟とくらべると、高波にも、よりよく耐えうる構造で、物資もより多く積載可能である。準構造船は、滋賀県安土町赤野井湾遺跡で、弥生中期前半のものが出土している。中里遺跡のムラの建設にかかわった近畿地方の人びとは、あるいは準構造船を操って太平洋岸沿いに足柄(あしがら)平野までやってきたのかもしれない。

大陸との交通と渡来人問題

日本列島の農耕文化は、土器や石器などの日常品からみて朝鮮半島南部から伝えられたことは明らかである。縄文時代に日本列島と朝鮮半島の間に共通した漁具が認められることからすれば、海を越えた文化の移動に貢献したのは、海峡を行き来する漁撈民であった。

福岡県江辻遺跡*は弥生早期の集落であるが、竪穴住居が松菊里型住居という朝鮮半島特有の形態のもので占められており、朝鮮半島から渡来した人が集落に住んでいた可能性が考え

＊江辻遺跡　福岡県糟屋郡に所在。弥生早期の集落から竪穴住居跡・掘立柱建物跡が検出された。いずれも朝鮮半島固有の特徴を示し、渡来系の人びととの関与をうかがわせる。

朝鮮半島系の土器　佐賀県域などには、出土土器の大半が朝鮮半島系の土器で占められている遺跡がある。有明海から上陸した渡来集団が残した遺跡であろう。佐賀県土生遺跡。

対馬の青銅器　対馬には日本の内地では見ない中国製の青銅器が存在している。海人が手に入れたものであろう。長崎県木坂遺跡。

られる。

また弥生早期〜前期の北部九州には、朝鮮半島の墓制である支石墓（しせきぼ）がいくつも存在しており、福岡県新町遺跡*や佐賀県大友遺跡*などでは人骨も出土している。支石墓の由来からすれば、人骨の形質は渡来系の人びとの形質を示してもよいはずだが、分析の結果は縄文系であった。在来の人びとが墓制を受容したことを示しており、たんに文化要素の相似だけで人の移動や入植を断定することが困難なことを物語っている。

朝鮮半島からの人の渡来は、弥生前期終末〜中期に大きな波がある。佐賀県土生（はぶ）遺*

＊新町遺跡　福岡県糸島市に所在。弥生早期〜前期を中心におよそ六〇基の墓が調査され、半数以上は支石墓とされている。支石墓から磨製石鏃を打ち込まれた人骨が出土し、戦闘の存在が立証された。

＊大友遺跡　佐賀県唐津市に所在。墓域が発掘調査されて、弥生早期〜前期を中心とした支石墓・甕棺墓・土坑墓などが多数検出された。人骨の形質は縄文系と確認された。

＊土生遺跡　佐賀県小城市に所在。朝鮮半島系の土器が多数出土した。また、鋤も朝鮮半島系であり、渡来人とのかかわりが注目されている。

＊諸岡遺跡　福岡市に所在。一九七二年（昭和47）、弥生前期末〜中期前半の朝鮮半島系の土器がまとまって出土した記念すべき遺跡である。

跡や福岡県諸岡*遺跡からは、朝鮮半島の土器とよく似た丸い粘土帯を口縁にめぐらした土器や牛角状の把手のついた土器が多量に出土する。それらはおもに壱岐、博多湾から糸島地域、そして筑後川流域と宇土半島の付け根に分布する。朝鮮半島産の青銅器や中国産の鉄器がこの時期に日本列島に出現するのも、これら渡来人によってもたらされたのだろう。

これらは青銅器の鋳型もともなうが、注目すべきはそれが博多湾岸よりも佐賀平野に集中することであり、熊本平野の沿岸部にも八ノ坪*遺跡のように早い段階から渡来人を受け入れて青銅器の生産を開始した遺跡が存在していることである。

船着き場跡の復元ジオラマ 原の辻遺跡は朝鮮半島と九州島を結ぶ重要な中継点であり、大型の船が行き来したことであろう。長崎県原の辻遺跡。

このことからすれば、有明海を交通の窓口とする諸勢力が玄界灘沿岸を避けて朝鮮半島と交通を結んでいった可能性がある。

逆に朝鮮半島で弥生中期の城ノ越*式土器や須玖I式土器など弥生土器がみられるようになり、この時期の対外交流は一方通行のものではなかったことが分かる。とくに慶尚南道の勒島*遺跡や莱城遺跡などで弥生中期の土器が多量に出土し、莱城遺跡では出土土器全体の九割を超えるほどである。莱城遺跡では、城ノ越式土器や

＊八ノ坪遺跡　熊本市に所在。弥生中期の小銅鐸や銅戈の鋳型、送風管や銅滓などが出土し、最初期の青銅器生産の一端が明らかにされた。朝鮮半島系の土器も多数出土し、渡来系の人々がかかわっている可能性も示唆される。

＊城ノ越式土器　福岡県遠賀町に所在する城ノ越遺跡出土土器によって設定された、北部九州の弥生中期初頭の土器型式。文様は少なく、頸部に突帯が一条めぐる程度である。

＊勒島遺跡　韓国慶尚南道に所在する、弥生時代中期に併行の青銅器時代後期を中心とする遺跡。住居跡や墳墓など、多くの遺構が発掘された。住居跡にはオンドル状の施設が伴う。墓は成人用土坑墓と子ども用の甕棺墓からなる。抜歯人骨や卜骨などが出土した。

鳥取県青谷上寺地遺跡（写真の上方中央部） 海のそばにあり、漁撈具も豊富に出土している。海人の活躍の場であった。また、遺跡の溝から100体以上のおびただしい人骨が散乱状態で出土した。殺傷人骨もあり、戦争の結果とも考えられている（下）。脳が残っていた頭蓋骨もある。また、左は木製の輪が通された土玉。交易に使った換算具ではないかとされている。

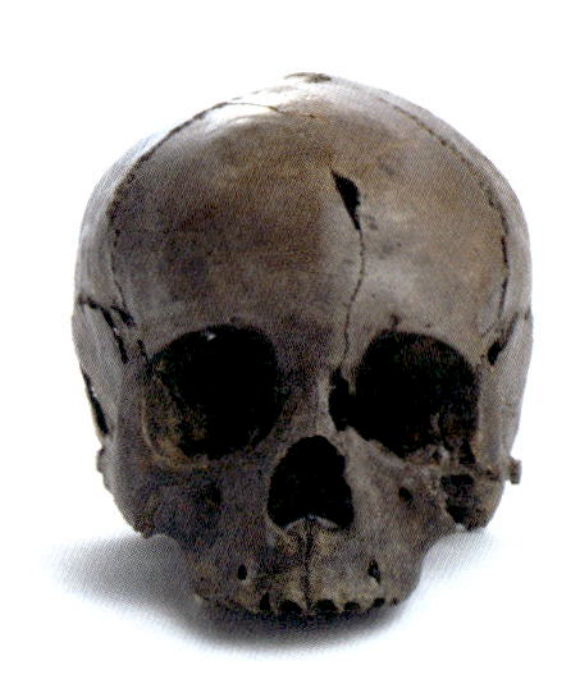

須玖Ⅰ式土器をともなった鉄器の鍛冶遺構も出土しているので、倭人がめざしたのは鉄器だったことがわかる。それによって日本列島にもたらされたのは、鋳造鉄斧（ちゅうぞうてっぷ）や多鈕細文鏡（たちゅうさいもんきょう）などであった。

『魏志』韓伝は、弁辰（べんしん）すなわち朝鮮半島の東南部の国から出る鉄を韓（かん）と濊（わい）と倭がこぞって取っていると記しているが、弥生中期後半から日本列島の各地で増加の一途をたどった鉄器も、玄界灘の勢力と海人によって倭にもたらされ、流通したのだろう。

紀元前一〇八年、今の平壌（ピョンヤン）付近に楽浪郡治が設置されると、日本に流入する文物も鏡や銭、装飾品など中国系の品々が俄然（がぜん）増加した。のちの奴国（なこく）や伊都国（いとこく）など玄界灘の平野における諸勢力がこれらの文物を入手して権威を掌握していくのは、沿岸で漁撈活動をおもな生業とする海人集団を編成して渡海活動にあたらせたからであろう。

また、壱岐の*原の辻（はるのつじ）遺跡では、中期後半の糸島地域の土器のほかに朝鮮半島の勒島式土器も出土し、荒波をけって航海するための準構造船を接岸させた船着き場の跡が発掘された。この船着き場は、木の枝と石を何枚も交互に敷き詰める敷粗朶（しきそだ）工法という技術を用いて築かれていた。「魏志倭人伝」には、北にある対馬が南北に市糴（してき）、すなわち朝鮮半島と倭との間で交易をおこなっていることを記している。こうした遺跡や遺物、あるいは文献の記録は、玄界灘の島々が交易の中継地点としての役割を負っていたことを如実に物語っている。

ただし、この時期の海外との交易活動は北部九州の海人によって一元的になされたものではなさそうだ。弥生中期末の鳥取県*青谷上寺地（あおやかみじち）遺跡は良質の木製品を多量に生産している遺跡であるが、そこからは木製品の製作にも用いたであろう多量の鉄器が出土している。この

＊原の辻遺跡　長崎県壱岐市に所在。三重の環濠がめぐり、大型の建物跡などが検出された。朝鮮半島や中国からもたらされた遺物が多数出土し、近隣の低地には石を積み上げた船着き場の跡とされる遺構も見つかった。「魏志倭人伝」の「一支国」の中心的集落。

＊**青谷上寺地遺跡**　鳥取市に所在。海際の低地に立地し、泥によってパックされたため、木製品の残りがよい。矢板列、連子窓、垂木と木舞からなる屋根材など、木工技術の研究にとって重要な遺物が多い。

遺跡からは、離頭銛など遠洋漁業に用いた漁撈具やサメ類の絵を描いた土器などが出土しており、この遺跡をはじめとする山陰地方の海人集団も渡海活動を独自におこなって大陸と交易していた可能性を指摘することができる。

青谷上寺地遺跡や島根県田和山遺跡*や姫原西遺跡からは、楽浪郡で使っていたのと同じような硯やこれも楽浪郡などで使用されていた頑丈な弓である弩の模型、あるいはジョッキ形の土器などが出土している。山陰地方から丹後地方にかけて、弥生後期には四隅突出型墳丘墓をはじめとする墳丘墓が築かれるが、そこに副葬される鉄剣の数は北部九州に次いで飛びぬけて多い。中国の影響を強く受けて首長権が拡大していく背景には、大陸との交通関係の掌握を果たしたこの地域の役割の大きさが見え隠れしている。

このことと関連して、近年、原の辻遺跡や京都府古殿遺跡など西日本の各地で権という天秤ばかり用の重りと考えられる遺物の出土が相次いでいる。度量衡の発達した大陸との交易活動の一端を物語るものであり、西日本一帯の交易活動は従来考えられていた素朴な状況を見直す必要があるだろう。

＊**田和山遺跡**　島根県松江市に所在。弥生前期末～中期後半の三重の環濠が検出された。その役割は、防御と儀礼的な役割など意見が分かれる。硯が検出されており、楽浪郡などとの交流もうかがえる。

北海道にまで伝わった南海産の貝輪

北海道伊達市は噴火湾に面し、北に蝦夷富士（羊蹄山）の美しい姿を望むことができる。伊達市にある有珠モシリ遺跡が発掘されたのは、一九八八年のことである。有珠モシリ遺跡は、伊達市の海岸から船に乗っていく離れ小島にある。離れ小島といってもボートで五分ほど、海岸の目の前に浮かぶ小さな島だ。

この島全体が縄文晩期から続縄文時代の墓である。発掘調査された続縄文時代の子どもの墓から、多量の副葬品が出土した。鹿角でつくったスプーンのような骨角器は、把手の部分にクマの全身が彫刻してある逸品で、将来を嘱望された子どもだったようだ。

この遺跡が注目を集めたのは、もうひとつ理由がある。地元のものにまじって、はるかかなたの沖縄県域など琉球諸島から運ばれた品々があったからである。運ばれたのは、貝輪や装飾品である。素材は、沖縄や奄美地方などの海に棲む、ゴホウラやイモガイである。イモガイ製の貝輪は、イモガイを横に輪切りにしてさらにそれをいくつかの断片にし、孔をあけてとじ合わせるようにしている。よく似た例は、長崎県佐世保市宮の本遺跡で発見されている。ゴホウラ製の装飾品は小さな半月形の断片に孔をあけたものである。ほかに山陰地方に生息するカタベ貝製の装身具がある。

ゴホウラやイモガイ製の貝輪は、おもに北部九州の甕棺墓から出土する。長崎県や山陰地方に類例や貝の生息地があることからすれば、日本海をつうじて有珠モシリ遺跡にこれらがもたらされたことは間違いない。時代は続縄文時代前半、およそ前三世紀ころである。南海産貝輪や装身具は、北海道と北部九州地方との間の各地にまったく類例がない。それらはリレー式に伝えられたものではなく、ダイレクトに持ち込まれたのであり、それを運んだのは北部九州地方の海人の可能性がある。

結びに変えて——弥生時代研究の歩み

日本の歴史のなかに弥生時代と呼ばれるひとつの時代があったことを人びとが知るきっかけになったのは、一個の壺形土器である。この土器は、一八八四年（明治一七）に現在の東京都文京区弥生町にあったとされる向ヶ岡貝塚*から発見された。エドワード・S・モース*が東京都大田区・品川区の大森貝塚*を発掘し、日本に石器時代があったことを解明した七年後のことである。

モースの調査した大森貝塚や似たような土器を出す貝塚の土器の多くが、バケツのような形で厚く色が黒いのにくらべて、弥生町の土器は壺の形をして薄く赤い色をしており、その違いから「弥生式土器」と名づけられた。弥生式土器の名を正式に学界に紹介した、蒔田鎗次郎*（まいだそうじろう）はこの土器が古墳から出土する土器と区別できると早くから考えていた。

明治時代の終わりから大正時代にかけて、弥生土器に石器と青銅器や鉄器などの金属器がともなうことが明らかにされ、ヨーロッパの時代区分が導入されて弥生土器を用いた時代は、石器と金属器がともに用いられた金石併用期（きんせきへいようき）と呼ばれたりした。弥生土器に稲籾（いねもみ）の圧痕（あっこん）があったり、炭化した米がともなう場合のあることは明治時代から確認されていたが、昭和初期になるとそうした例が増えるとともに、弥生土器を用いた時代は縄文時代と古墳時代の間に挟まれた独立した時代であることが説かれるようになる。

*向ヶ岡貝塚　東京都文京区本郷弥生町にあった貝塚。一八八四年に発見された壺形土器が弥生式土器と呼ばれ、それが弥生文化、弥生時代の設定の引き金になった。

*エドワード・S・モース（一八三八〜一九二五）アメリカの生物学者。東京大学のお雇い外国人として一八七七年に来日。日本の近代的考古学の父で、日本に進化論を広めた。

*大森貝塚　東京都品川区と大田区にまたがる縄文時代の貝塚。一八七七年にモースによって発掘調査され、日本列島に石器時代があったことが、明らかにされた。

*蒔田鎗次郎（一八七一〜一九二〇）一八九六年に自宅の竪穴から弥生土器を掘りだし、その報告に「弥生式土

*山内清男と*森本六爾によって、弥生時代は大陸との交渉が明瞭になり、農業が一般化した時代であると定義されるにいたり、今日の認識の基礎が築かれたといえよう。農耕を基盤とした弥生時代の文化の実態は、戦前の奈良県唐古遺跡や戦前から戦後間もなくにかけての静岡県登呂遺跡の発掘調査によって、木製農具などが多量に出土したことにより、具体的に知られるようになった。

弥生時代の認識が弥生土器に独立した時代性を与える点から出発したこともあって、弥生時代とは弥生土器の用いられた時代であるという定義が戦後かなりたってまでおこなわれていた。ところが製陶技術の点からは、弥生土器は縄文土器や古墳時代とひとつながりであり明確に区別できないことに注意を向けた佐原真と金関恕は、新石器時代を農業がおこなわれた時代であるとしたイギリスの考古学者*V・ゴードン・チャイルドの定義にならい、一九七五年に弥生時代を水田稲作をはじめとする農耕が本格化した時代ととらえ直した。

弥生時代は大陸との交渉もあって、多量の副葬品をもつ首長墓が九州などに築かれたり、戦争が活発化して地域の統合が進むなど、古墳時代の前史という認識が定着してはいたものの、弥生集落は登呂遺跡で再現された牧歌的な農村のイメージが支配的であった。しかしそれも一九八〇年代の終わりから九〇年代に佐賀県吉野ヶ里遺跡や大阪府池上曽根遺跡で大型の環濠集落や巨大な建造物の跡が確認されると一変し、弥生時代の巨大な環濠集落は単なる農村ではないという弥生都市論なども生まれた。

弥生都市論の是非をめぐって議論のあることは紹介したとおりだが、副葬品の多量化にみる首長権の強大化、石器生産の専業化、青銅器の普及と鉄器使用、戦争の活発化や集落の肥

器」の名前をはじめて用いた。自然科学者としての才能も発揮した天才肌の考古学者。

*山内清男（一九〇二〜一九七〇）　戦前に出版した『日本遠古之文化』は、縄文土器の編年にもとづく縄文文化、農耕文化としての弥生文化、北海道の続縄文文化の研究など、日本の先史文化をはじめて明確に叙述した。

*森本六爾（一九〇三〜一九三六）　青銅器と農耕文化の研究をはじめ、雑誌『考古学』の発行や評論、土器集成、航空考古学など、あらゆるジャンルの考古学の近代化に大きな足跡を残した。三三歳で夭折したが、そのはげしい人生は、松本清張の小説『断碑』の主人公にもなったように、人をひきつけた。

*V・ゴードン・チャイルド

大化、人口の飛躍的な増加など、弥生都市論の根拠になるような現象が弥生時代のなかで地域的な差をみせながら展開していたことは事実である。そうした現象を背景として、弥生時代には人が人を支配するという身分的、階級的な格差が生じたような社会の複雑化の進行した点が、縄文時代と弥生時代、縄文文化と弥生文化の大きな差であることも確かだろう。

　重要なのは、上に述べた現象、つまり古墳時代に向けての政治的な動向が、いずれも弥生時代の前期と中期を境として急速に進行した点である。逆にいえば、弥生前期まではまだそれらが顕著ではないことをどのように評価すればよいのか、という点が重要である。地域的にも同様であり、東北地方などは稲作を受け入れたが、弥生時代のなかではついに政治的な社会を実現することがなかった。

　弥生文化はこのように、時代的にも地域的にも変動や変異の大きな時代であり、それを多様性として評価しようという意見に耳を傾けなくてはならない。山内清男は、弥生文化が大陸系と縄文系と固有の三つの文化要素から成り立っていることを踏まえたうえで、地域性に注意を向けて大陸的な文化要素が顕著な西部弥生文化圏と縄文文化的な要素が顕著な東部弥生文化圏に区分した。近藤義郎*は考古学的に時代を区分する指標として「特徴的で、重要で、普遍化していく考古資料」の三つを踏まえたうえで、旧石器時代から古墳時代への変化に対する時代区分原理に、技術の変化、経済の変化、政治体制・社会体制の変化をあてた。弥生時代の開始を農耕という経済的な指標によって区分し、その終焉を前方後円墳という政治的な指標によって区分することを提案したのである。それは弥生文化の変動性に注意を向けた結果であろう。

（一八九二〜一九五七）イギリスの考古学者。ギリシャやドイツにおける美術史的な考古学や編年を中心とした古典考古学から踏み出し、マルクス主義的歴史観によって社会を論じ、農耕の発生や都市の出現など人類史のための考古学を唱導した。

＊近藤義郎（一九二五〜二〇〇九）弥生墳丘墓と古墳の研究や製塩土器の研究をライフワークとする。岡山県佐良山古墳群における群集墳の研究や月の輪古墳の発掘調査、全国の学生に呼びかけた楯築墳丘墓の発掘調査は忘れることができない。

筆者の考えはそうした意見を踏まえたものなので、東北地方にも一時期弥生時代が存在したと理解して本書を書き進めてきた。しかし、政治的な動きの緩慢な東北地方には弥生時代がなかったという説もある。弥生時代・弥生文化をどのようにとらえるのか、決して議論が尽くされているわけではないことをご理解いただきたい。

筆者は幼少のころから縄文時代の遺跡や遺物に親しんでいたが、静岡大学に入学して藤田等先生に弥生文化研究のご指導をいただいてから、そのおもしろさに引かれるようになった。先生の演習では、唐古遺跡の発掘調査報告書や『日本農耕文化の生成』（東京堂出版）、『日本の考古学』（河出書房新社）を輪読して下調べに精を出したものである。先生の考古学の技術は超一流であり、とくに写真技術に秀でておられるが、本書の一〇八頁の立岩遺跡の写真は先生が撮影したものである。

考古学実習で写真フィルムの現像、焼き付け、パネルづくりのご指導をいただき、拓本の墨までつくったが、一生使えるよとおっしゃった拓墨は、今でも使っている。そんな先生も米寿を迎えられる。つたない一書ではありますが、謹んで献呈させていただき、先生のご長寿をお祝いするとともにご健康をお祈りいたします。

本書の出版・編集につきましては、敬文舎の柳町敬直さんと阿部いづみさんにお世話になりました。記して感謝申し上げます。

二〇一九年一〇月

設楽　博己

所蔵先、協力者一覧

・個人・機関に分け、五十音順に列記した。
・掲載にあたっては十分に注意をしておりますが、何かお気付きの点がございましたら、編集部までご連絡ください。

■梅原章一（p.34）／斉野裕彦（p.40）

■公益財団法人愛知県教育・スポーツ振興財団　愛知県埋蔵文化財センター（p.52、p.107）／尼崎市教育委員会（p.60）／安城市歴史博物館（p.62）／飯塚市教育委員会（p.108）／壱岐市立一支国博物館（p.117）／和泉市教育委員会（p.75）／出雲市（p.83）／浦添市教育委員会（p.109）／公益財団法人大阪府文化財センター（p.66）／大阪府立弥生文化博物館（p.91）／岡山県古代吉備文化財センター（p.44、p.49、p.68）／岡山市教育委員会（p.91）／小城市教育委員会（p.116）／神奈川県立歴史博物館（p.51）／唐津市教育委員会（p.11）／神埼市教育委員会（p.60）／京都大学総合博物館（p.113）／倉敷考古館（p.67）／群馬県立歴史博物館（p.85）／国立科学博物館（p.63）／小松市埋蔵文化財センター（p.91）／佐賀県（p.21、p.44、p.72、p.87）／佐賀県立博物館・美術館（p.11、p.29、p.60）／佐賀市教育委員会（p.82）／桜井市教育委員会（p.31、p.98）／滋賀県立安土城考古博物館（p.98）／静岡市立登呂博物館（p.42）／島根県教育庁（p.95、p.96）／仙台市教育委員会（p.39）／伊達市教育委員会（p.14）／田原本町教育委員会（p.7）／対馬市教育委員会（p.116）／土井ヶ浜遺跡・人類学ミュージアム（p.15、p.16、p.63）／東京国立博物館 Image: TNM Image Archives（p.12、p.53）／鳥取県（p.118）／長崎大学医学部（p.15）／中野市教育委員会（p.103）／奈良県立橿原考古学研究所附属博物館（p.58）／八戸市埋蔵文化財センター　是川縄文館（p.113、p.114）／浜松市博物館（p.67）／東大阪市教育委員会（p.19）／常陸大宮市教育委員会（p.80）／福岡市博物館　画像提供：福岡市博物館 / DNPartcom（p.27）／福岡市埋蔵文化財センター（p.28、p.38、p.43、p.45、p.56、p.60、p.102、p.105、p.113）／南あわじ市教育委員会（p.91）／守山市教育委員会（p.59）／山梨県立考古博物館（p.23）／世界遺産　座喜味城跡　ユンタンザミュージアム（p.109）横浜市教育委員会（p.70）／与謝野町教育委員会（p.111）／米子市教育委員会（p.90）

索引

◎写真・図版のあるページには * を付し、詳しい説明のあるページは太字で表記した。

ヒスカルセレクション
考古 3
弥生時代
邪馬台国への道

2019 年 12 月 5 日　第 1 版第 1 刷発行

著　者　設楽 博己
発行者　柳町 敬直
発行所　株式会社 敬文舎
〒 160-0023　東京都新宿区西新宿 3-3-23
ファミール西新宿 405 号
電話　03-6302-0699（編集・販売）
URL　http://k-bun.co.jp
印刷・製本　中央精版印刷株式会社

Printed in Japan ISBN978-4-906822-32-4